일과 소명

Gene Edward Veith, Jr.

God at Work

【루터의 소명 원리를 기초로】 삶에서 일의 가치와 의미를 극대화하는 소명

일과 소명

진 에드워드 베이스, Jr. 지음 | 김명렬 옮김

멘토

God at Work

Copyright ⓒ 2002 by Gene Edward Veith Jr.
Originally published in English as God at Work
by Crossway a publishing ministry of Good News Publishers Wheaton,
Illinois 60187, U.S.A.

This Korean translation edition copyright ⓒ 2002, 2022 by Mentor
Publishing House, Seoul, Republic of Korea

This Korean edition is published by arrangement
of Crossway through rMaeng2, Seoul, Republic of Korea.

All rights reserved.

이 한국어판의 저작권은 알맹2를 통하여 Crossway와 독점 계약한
도서출판 멘토에 있습니다.
저작권법에 의하여 한국 내에서 보호받는 저작물이므로 무단 전재와
무단 복제를 금합니다.

일과 소명

2002년 12월 10일   초판 1쇄 발행
2022년 5월 3일   개정판 1쇄 발행

지은이 | 진 에드워드 베이스, Jr.
옮긴이 | 김 명 렬
발행인 | 박 동 주

발행처 | 도서출판 멘토
등 록 | 1997년 11월 25일 제12-219호

주 소 | 서울 양천구 월정로 48길11 대림타운502호
         전화 02-2608-0797 팩스 0504-386-6971
         pubmentor@hanmail.net

Copyright ⓒ 멘토 2002, 2022

ISBN 978-89-88152-89-8 (03230)   printed in Korea

* 책값은 뒤표지에 있습니다.

들어가는 글

소명 원리에 관한 기본 개념을 뒤흔들어 놓는 이론을 처음 소개해 준 조지 스트리터에게 이 책을 바친다. 그는 출판사 '벨라스트 프레스'를 설립하여 절판된 신학 이론서인 구스타프 빙그렌Gustaf Wingren이 지은 『루터의 소명 원리』Luther on Vocation를 다시 출판해, 나에게 이렇게 글을 쓸 수 있는 기회를 주었다.

조지 스트리터 자신의 소명은 건축기사였다. 그러나 그는 뜨거운 독서열과 루터 신학에 대한 열정 때문에 새로운 분야인 출판업을 시작했다. 그가 출판한 빙그렌의 저서를 내게 주었을 때, 나는 몇 달 동안이나 언젠가는 읽어 볼 책들과 함께 쌓아두고만 있었다. 내 스스로 소명 원리가 무엇인지를 안다고 생각했기 때문이었다. 그것은 하나님의 영광을 드러내기 위해서는 어떤 종류의 일이든지 할 수 있다는 그런 내용 말이다. 그리고 평범한 책의 제목을 보며, 이 주제에 관한 루터의 여러 가지 글을 모아 놓은 책이려니 생각했다. 그러나 루터와 빙그렌은 너무도 중요한 이야기를 하였다는 것을 곧 깨달았다. 루터는 소명을 그의 신학에서 다른 모든 것과 마찬가지로, 우리가 무엇을 하는지를 중요하게 여기지 않고, 하나님이 우리 안에서, 우리를 통하여 무엇을 하시는지를 중요하게 여겼다. 그리고 20세기의 스웨덴 신학자 빙그렌은 루터의 이론을 인용하는 것을 넘어서서, 그 이론을 정밀하게 분석하여, 현대인들의 사고방식에 적용할 수 있도록 해주었다.

빙그렌의 저서 『루터의 소명 원리』는 이전에는 보지 못했던 것을 볼 수 있도록 해주었고, 그리스도인으로서 나의 인생을 온전히 새롭게 볼 수 있게 도와 주었다. 나는 루이스C. S. Lewis의 저서 『순전한 기독교』을 읽었을 때도 이와 비슷한 새로운 깨달음의 빛을 느꼈다. 케이츠Keats도 채프먼Chapman이 번역한 호메로스Homer를 처음 읽었을 때 그러한 빛과 함께, 이전까지는 볼 수 없었던 세계를 놀라워

하며 바라보았다.

  빙그렌의 저서는 복잡하고 전문적인 신학 논문으로써, 신학을 전공하거나 목회자의 소명을 가지지 않은 성도들은 읽기가 매우 어렵다(그러나 강력히 추천할 수 있는 도서이다). 나는 빙그렌과 루터로부터 배운 것을 나와 같은 성도들도 이해하기 쉽도록 설명해 주기 위해 이 책을 꾸몄다. 때로는 지나치게 쉽게 설명해 논란을 불러일으킬 수도 있다. 그러나 이 세상을 살아가는 동안 우리 각자에게 주어진 소명의 본질을 이해하는 것은 우리 성도들에게도 매우 중요한 일이기 때문이다.

  이 책은 빙그렌의 저서가 있었기에 가능했다. 그러기에 여기에서 그분께 감사의 마음을 전한다. 그러나 케이츠의 시에 등장하는 정복자들이 태평양을 발견하기 훨씬 전부터 그 넓은 바다가 존재해왔던 것처럼, 수세기 동안 소명 원리는 종교개혁에서 정신적인 중요한 부분이었다. 이 주제를 깊이 있게 연구하기 전에, 나는 이 주제에 관한 다른 저서로부터 많은 도움을 받았을 뿐만 아니라, 사역을 통해 성도들에게 이 진실을 가르쳐온 많은 목회자들로부터도 큰 도움을 받았다. 소명 원리에 관해 명확하게 이해할 수 있도록 많은 가르침을 주신 존 플레스, 마크 셸, 스티

븐 하인 목사님들에게 감사의 마음을 전한다.

콩코디아 대학교 위스콘신 분교의 패트릭 페리 학장은 소명 원리에 열정적으로 헌신하시며, 소명 원리를 연구하고, 적용하고 발전시키도록 루터의 친구이며 화가인 크래나크의 이름을 딴 크래나크 연구소를 설립하셨다. 그리고 나를 이 연구소의 책임자로서 승인해 주신 운영 위원회 위원들께 감사드린다. 특히 과감하게 이 일을 할 수 있도록 도와 주신 조지 스트라이터, 브루스 기, 일로나 쿠취타, 토드 페퍼콘 목사, 그리고 조지 스트라이터에게 빙그렌의 저서를 소개해 주셨다는 데이비드 스피어 목사님께 감사드린다.

가정에서의 나의 소명에 관해서도 깊이 이해할 수 있도록 도와 준 아내 재클린, 그리고 이제는 성장하여 현장에서 각자의 소명을 다하기 위해 애쓰는 나의 아이들 폴, 요안나, 메리에게도 감사의 마음을 전한다.

차례 CONTENTS

GOD AT WORK

들어가는 글_ 5

1. 크리스천의 소명_ 11

2. 하나님은 어떻게 사람을 통해 일하시는가?_ 31

3. 소명의 목적_ 51

4. 당신의 소명을 찾아라_ 67

5. 근로자로서의 소명_ 91

6. 가정에서의 소명_ 117

7. 시민으로서의 소명_ 145

8. 교회에서의 소명_ 179

9. 소명의 원리_ 209

10. 소명 안에서의 십자가_ 227

11. 소명 안에서의 휴식_ 251

크리스천의 소명

우리는 주님이 가르쳐 주신 기도를 하면서, 오늘날 우리에게 일용할 양식을 주실 것을 하나님께 기도한다. 그리고 하나님께서는 실제로 우리에게 매일 일용할 양식을 주신다. 루터는 이 점을 주목해서 말하고 있다. 하나님께서는 씨를 뿌리고 곡식을 거두어들이는 농부를 통하여, 밀가루로 빵을 굽는 사람들을 통하여, 우리의 식사를 준비하는 사람을 통하여 우리에게 일용할 양식을 주신다.

우리들은 추수한 곡식을 운반하는 트럭 운전기사, 식품 가공 공장의 근로자, 창고 직원, 상인, 소매상의 점원, 슈퍼마켓의 계산대 직원까지도 우리에게 일용할 양식을 제공하는 명단에 넣을 수 있다. 은행원, 자본 투자가, 광고인, 변호사, 농업 과학자, 기술 엔지니어 등 이 나라의 경제 시스템 내에서 각자에게 맡겨진 역할을 수행하는 다른 모든 사람들도 그 명단에 포함할 수 있다. 우리가 식사를 하기 위해서는 이 모든 사람들의 노력이 필요하다.

식사를 하기 전에 당신은 먼저 하나님께 감사 기도를 드리는가? 기도를 드리는 것은 당연하다. 하나님은 우리에게 필요한 다른 모든 것에 관해서도 그렇지만, 우리의 육체적인 필요에 대해서도 관심을 가지신다. 하나님은 양식이라는 선물을 통하여 우리의 생명을 보존해 주신다. "여호와께서 자기를 경외하는 자들에게 양식을 주시며…"(시111:5). 또한 하나님은 당신을 경외하지 않는 자에게도 양식을 주신다. "모든 육체에게 먹을 것을 주시는 이에게 감사하라…"(시136:25). 하나님은 다른 사람들을 사용하여 그 일을 하신다. 그래도 우리에게 일용할 양식을 주시는 분은 결국 하나님이시다.

하나님은 이스라엘의 백성들을 만나로 먹이셨던 것처럼, 기적과 같은 섭리를 통해 우리에게 직접 일용할 양식을 주실 수도 있다. 그러나 하나님은 사람을 통해 역사하시는 방법을 선택하셨다. 각기 다른 재능과 능력을 가진 사람들이 그들의 재능과 능력에 따라 서로에게 봉사하도록 하셨다. 이것이 소명의 원리이다.

루터가 보여 준 또다른 예를 인용하면, 하나님께서는 아담을 창조하신 것처럼 흙으로 다른 모든 새로운 생명들을 창조하시는 방법들을 선택하실 수도 있었다. 그러나 하나님께서는 남자와 여자의 소명, 남편과 아내의 소명, 어머니와 아버지의 소명을 통해 새로운 생명을 창조하시는 방법을 택하셨다. 하나님께서는 남자와 여자를 부르시고, 그들에게 가정을 이루게 하시고, 아이를 가질 수 있는 신비하고 놀라운 능력을 주셨다. 사람들이 부모의 사랑과 보살핌을 통하여, 하나님이 당신의 자녀들을 사랑하고 보살펴 주신다는 것을 알게 하셨다. 이것이 소명 원리이다.

우리 자신이, 혹은 우리가 사랑하는 누군가가 병에 걸리게 되면, 우리는 하나님께 치유해 주실 것을 간절히 기도한다. 하나님은 분명히 병을 치유해 주실 수도 있고, 또 가끔은 기적을 통하여 치유해 주신다. 그러나 일반적으로 의사, 간호사, 약사, 연구소의 과학자들 같은 사람들을 통하여 치료할 수 있도록 해주신다. 이와 같이 하나님은 당신이 주신 능력과 재능 그리고 기술을 가진 사람을 도구로 선택하시고, 그들을 통해 역사하신다. 그래도 결국 우리를 낮게 해주신 분은 하나님이시다.

하나님이 우리에게 복을 주실 때, 거의 모두 다른 사람들을 통해 복을 주신다. 하나님의 말씀을 읽는 능력은 형언할 수 없을 만큼 귀하고 놀라운 능력이다. 이런 읽기 능력은 어릴 때부터 그냥 자연스럽게 튀어나오는 것이 아니다. 이런 능력은 부모와 교사의 소명을 필요로 한다.

하나님은 경찰관과 사법제도라는 커다란 우산을 통해 우리를 보호해 주신다. 예술가를 통해 새롭고 독특한 아름다운 미의 세계를 보여 주신다. 자동차 운전기사, 정비사, 도로 순찰대, 비행기의 승무원 등을 통해 우리가 멀리까지 여행할 수 있도록 해주신다. 환경미화원, 배관공, 위생 설비 사업자, 방역업체 종사자 등의 노력을 통하여, 우리가 깨끗한 환경에서 살 수 있도록 해주신다. 목회자 혹은 예수 그리스도의 복음을 전하는 사람들을 통하여, 많은 사람들이 구원에 이를 수 있도록 해주신다.

패스트푸드 점의 근로자, 과학자, 경리 직원, 소방관, 간호사, 의사, 기술자, 발명가, 조종사, 선장, 항해사, 예술가 등 모두는 하나님께서 당신의 백성들과 모든 피조물들에게 복을 주시고, 보살피기 위해 사용하시는 나름대로의 소명을 가진 사람들이다.

그러한 일을 하는 사람들의 입장에서 볼 때는, 항상 하나님이 주신 소명으로 보이는 것은 아니다. 그러한 온갖 종류의 일들이 다른 사람들에게 복이 된다는 점은 매우 쉽게 알 수 있다. 그러나 그러한 소명을 힘들게 감당하고 있는 사람들의 생각에는, 그들의 임무가 일상적으로 느끼는 힘들고, 고통스럽고, 따분하고, 감사할 수 없는 무거운 짐일 뿐이다.

어떤 특정한 유형의 일에 종사하는 사람들일지라도, 고결한 이상理想으로부터가 아니라, 살아가기 위해서는 어쩔 수 없이 그 일을 해야만 한다는 것이 일반적인 생각이다. 본질적으로 만족감을 안겨 주는 직업도 있다. 그러나 지위도 높고, 보수도 많이 받는 일일지라도 영혼을 시들게 할 수 있다. 가끔 일은 생존 수단일 뿐 다른 특별한 의미를 가진 것으로 보이지 않을 수도 있다. 또한 우리는 오직 일하기 위해 살고 있는 사람처럼 보이기도 한다. 그것은 우리의 시간을 빼앗고, 감정을 메마르게 하고, 근무 시간이 끝나도 지쳐서 다음의 활동을 불가능하게 하기 때문이다.

우리가 가족과 함께하고 싶은(비록 가족 구성원으로서의 소명도 때로는 우리에게 좌절을 안겨 주기도 하지만) 시간을 빼앗아가고, 현대 기술은 우리를 하루 24시간, 1주에 7일을 긴장 상태로 밀어 넣는다. 이와 같이 우리의 일은 우리의 인생을 소진시켜버린다.

일은 축복이고, 에덴동산을 다스리며 지키라고 하신 하나님의 말씀에 따라 아담과 하와도 그 일을 즐겁게 하기는 했지만, 타락 이후 노동은 오직 땀과 좌절이었다.

> "아담에게 이르시되…땅은 너로 말미암아 저주를 받고 너는 네 평생에 수고하여야 그 소산을 먹으리라 땅이 네게 가시덤불과 엉겅퀴를 낼 것이라 네가 먹을 것은 밭의 채소인즉 네가 흙으로 돌아갈 때까지 얼굴에 땀을 흘려야 먹을 것을 먹으리니 …"(창 3:17-19)

그리스도인들은 하나님께서 이 세상에서 활동하신다고 믿고는 있지만, 그리고 조금만 생각해 보아도 하나님께서는 인간의 소명 안에서 활동하신다는 것을 명확히 볼 수 있지만, 또한 마귀가 이 세상에서 활동한다는 사실도 인정해야 한다.

사람들이 서로를 도와 모두가 추구하는 평화와 행복을 향해 나아간다는 것은 이론상으로는 가능하지만, 죄가 모든 것을 망쳐 놓는다. 이 세상에는 많은 사람들이 일용할 양식을 구하지 못해 굶주린다. 많은 부모들은 자신의 아이들을 보살피는 대신에 학대하거나 낙태해 버린다. 많은 남편과 아내는 하나님께서 분부하신 대로 결혼으로 한 몸이 되는 대신에, 서로의 목숨을 노리기까지 한다. 많은 정치인들은 국민을 보호하는 대신에 이용하고, 기만하고, 강압한다. 권력을 남용하는 경찰관도 있고, 제대로 가르치지 않는 선생도 있고, 환자들을 치료하는 대신에 죽여 버리는 의사들도 있다. 하나님의 말씀을 왜곡시키는 목회자들도 있다.

사람들은 소명을 감당하면서도 죄를 짓고, 또 각자의 소명에 반反하는 죄를 짓기도 한다. 각자의 소명이 무엇인지 깨닫지 못하고(일과 가정 그리고 사회에 참여하는 데에는 영적인 측면이 있다는 점을 깨닫지 못하기 때문에) 목적 의식의 결여로 인해 고통받는다. 무엇을 해야 할지 어떻게 살아야 할지 모르고, 나아가 자신의 정체성을 깨닫지 못하고 혼란스러워 한다. 그러나 여론 조사에 의하면, 사람들이 일과 가정을 중요하게 여기면, 그리스도인으로서 소명 원리를 꼭 회복해야만 할 필요는 그렇게 크게 없다고 한다.

자유를 안겨 주고, 인생의 힘이 되어 주는 그러한 원리가 우리 시대에서는 잊혀지고, 우리의 세미나, 설교, 성경 공부에서도 간과해 버린다는 사실은 이상하기만 하다. 그러나 소명 원리는 우리가 물려받은 영적인 유산 가운데 중요한 한 부분이고, 우리는 불행히도 그 유산으로부터 단절되어 있었기에 그 어느 때보다 그 유산을 회복해야만 할 필요가 있다. 그것은 일에 대해 이해하는 것보다, 하나님의 영광을 위해서는 무슨 일이든지 할 수 있어야 한다는 구호보다, 그리고 모호한 신학적인 상투 용어보다 더 큰 의미를 가진다.

이 주제에 관한 옛 개혁주의자들의 가르침은 놀라울 정도로 구체적이고 현실적이어서, 타락한 현실 세계에서 그 원리를 구현할 수 있는 실용적인 지침이 되어 준다. 그러나 그보다 더욱 중요한 점은, 믿음을 가지고 정화된 마음으로 은혜롭고 선한 일을 하는 그리스도인들에게 삶의 원리가 되어 준다는 점이다. 소명의 원리는 기독교 윤리의 핵심으로, 그리스도인들이 자신의 문화에 어떤 영향을 끼칠 수 있는지를 보여 준다. 소명을 통해 평범한 일상생활을 하나님과 함께하는 생활로 변화시켜 준다.

소명의 역사

불신앙의 시대라고 하는 요즈음에도 오래된 신학 용어들을 여전히 사용하는 것을 볼 수 있다. 그 단어에 의미를 부여한 신앙은 사라져 버렸는 데도 말이다. 예를 들어, 성경의 권위를 전혀 모르는 사람들도 예술 작품이나 사업 구상을 하는데 '영감', '계시'라는 단어를 사용한다. 비전, 사명, 영성, 더 나아가 카논, 해석학, 시너지(synergism: 신인협력설)라는 전문 용어까지 모두 그 본래의 뜻이 세속적인 의미로 바뀌어 사용되고 있는 신학 용어들이다. '소명'이라는 영어 단어 vocation도 오늘날 직업을 뜻하는 일상적인 용어가 되어, vocational training(직업훈련), vocational education(직업교육)으로 쓰인다. 하지만 이 단어도 일, 가정, 사회, 신앙 생활에 관한 복합적인 의미를 가지는 성경의 가르침을 보여 주는 신학 용어이다.

소명vocation이라는 단어는 "부름calling"이라는 라틴어에서 왔다. 성경에는 복음으로 우리를 부르셨고(살후 2:14), 하나님이 우리를 어떤 일이나 어떤 모습의 삶을 살아 가도록 부르셨다(고전 1:2, 7:15-20)는 말씀으로 가득하다. 차츰 살펴보겠지만, 소명에 대한 원리는 순전히 성경을 바탕으로 한 것인데, 성경의 다른 가르침들과 더불어 종교개혁을 거치면서 대두되어 아주 구체적으로 발전되었다.

중세 교회에서 소명 또는 "부르심"을 받는다는 것은 교회의 사역에 전념해 일하는 것만을 말했다. 누군가 부르심을 받는 느낌이 들었다면 이는 사제나 수도사, 또는 수녀가 되라는 소명의 신호였다. 농부나 요리사가 되거나 연장, 옷 등을 만들거나 군인, 심지어 왕과 같은 보통의 직업들은 필요하긴 하나 세속적인 것이라 여겼다. 이런 사람들도 구원은 받을 수 있지만 세상이라는 진흙탕 속에 빠져 사는 것이다.

온전히 하나님을 섬기고 진정으로 신앙 생활을 하려면 전적으로 헌신해야 한다. 누구나 매일 기도하고, 묵상하고, 예배를 드리며 하나님을 헌신적으로 섬길 수 있지만, 온전해지라는 성경의 권고는 성직자가 되어야만 이룰 수 있는 것이었다. 결혼은 선한 것으로, 하나님이 맺어 주시는 거룩한 예식이라고 하면서도 부부나 부모가 되는 것은 성직자의 신앙 생활에 장애가 된다고 생각했다. "소명을 받는다"는 것은 다른 여러 가지 의미도 있지만, 무엇보다도 독신 생활을 하려는 의지와 금욕생활을 할 수 있는 능력을 말하는 것이었다.

그리스도의 보혈로 용서를 받았다는 복음과는 상반되게, 인간의 노력으로 구원을 받을 수 있다는 데 초점을 둔 교회의 모습은 하나님의 말씀이 전하는 진리에서 멀리 벗어났다는 확신에서 종교개혁이 일어났다. 기존 교회 구조를 복음과 성경에 비춰 자세히 살펴본 종교개혁가들은 성직자나 수녀, 수도사들만이 하나님의 특별한 은총을 받은 것이 아니라 성도도 지극히 충만한 하나님의 은혜로 신앙생활을 할 수 있다는 주장을 폈다.

종교개혁에서 나온 "만인 제사장설" 개념은 결코 사제직의 품위를 떨어뜨리지도 않았으며, 사제나 성직이 필요하지 않고 누구나 각자의 신학을 가지고 믿으면 된다고 가르치는 것도 아니었다. 오히려 성직이 하나의 '소명', 그 나름대로의 의무와 권위, 복을 받은 하나님의 부르심이라고 가르쳤다. 한편 성도가 가지고 있는 직업도 각자 거룩한 의무와 권위, 복을 받은 하나님의 부르심, '소명'이라고 가르쳤다. 성도들이 모두 하나같이 성직자나 사역자가 되라는 것은 아니었다. 하나님 앞에 온전해지기 위해 성직자가 되어야 하는 것은 아니다.

그리스도의 보혈로 온전해지는 것이다. 그러나 누구나 제사장이다. 성도들은 모두 양이 되어 주신 그분의 보혈로 구약 시대의 제사장처럼 하나님 앞에 나아갈 수 있다. 누구나 성경과 같은 성물聖物을 다룰 수 있다. 예전에는 성도는 성경도 읽을 수 없었다. 누구나 구원의 메시지가 필요한 사람들에게 복음을 선포할 수 있다. "만인 제사장설"이란 그리스도인이라면 누구나 그리스도께 나아가는 기쁨을 똑같이 누릴 수 있으며 누구나 그분 앞에서 신앙적으로 평등하다는 것을 뜻한다.

"만인 제사장설"은 모든 사람을 사역자로 만드는 게 아니라 모든 일을 신성한 부르심으로 바꾸어 놓은 것이다. 그 당시 중요한 문제로 대두된 것은 성직자의 결혼을 금지하는 것이었다. 종교개혁가들은 성경을 연구한 후 결혼은 하나님께서 정하신 것이며, 수도나 은둔 생활을 하는 것보다 못한 것으로 치부되던 가정이야말로 가장 중요한 사역지라고 주장했다. 아버지와 어머니는 자녀들에게 물질적인 필요를 충족시켜 줄 뿐 아니라 신앙으로 양육하는 "제사장"이다. 일이라는 것은 무엇이나 농부나 기능공과 같이 지금까지 천시되어왔던 일까지 모두 하나님과 이웃을 섬기는 제사장으로서 해야 하는 것이다.

종교개혁과 더불어 커다란 사회적 변혁이 일어났다. 모든 계층과 신분에 교육의 기회가 확대되었다. 이는 그리스도인은 누구나 하나님의 말씀을 읽을 수 있어야 한다는 만인 제사장설의 믿음에서 영향을 받았다. 즉 그리스도인은 모두 읽는 법을 배우지 않을 수 없다는 뜻이었다. 예전에는 부유한 지배계층만이 글을 읽는 교육을 받을 수 있었다. 중세 시대에 글을 읽을 줄 아는 몇 안 되는 부류 중에 성직자가 포함되어 있었다. 물론 공무를 보거나 사업을 하는 관료나 서기도 글을 읽고 쓸 줄 알았다. 성도들은 교회나 관련 시설에서 글을 배울 수 있었고 이를 맡은 사람은 하위 성직자였다. 영어로 서기를 나타내는 clerk라는 단어는 성직을 나타내는 cleric에서 왔다. 한편 개혁 교회는 여자 아이나 남자 아이나 농부나 지주나 그 누구에게나 하나님 말씀을 읽는 법을 가르치기 위해 야심찬 대중 교육 프로그램을 시작했다.

성경 읽는 법을 배운 사람은 이제 무엇이나 읽을 수 있게 되었다. 하지만 흥미롭게도 개혁 교회에서 시작한 학교는 기본적인 문자교육과 성경 읽기 이상을 가르치게 되었다. 자신의 재능을 발휘할 수 있는 자유 시민으로 키우기 위해 그리스나 로마에서 시작한 고전 "인문"교육을 실시했다(영어로 인문교육, liberal education의 liberal은 자유라는 의미를 가진 라틴어 libera에서 온 것이다). 그리스나 로마도 노예를 위해 따로 기술 교육을 하긴 했지만 개혁 교회는 사회적 신분에서 "자유"하게 될 수 있음을 보여 주려고 하층 계급에도 고전 기독교 교육을 실행했다.

종교개혁은 하나님과의 개인적인 관계에 많은 관심을 기울여, 세상에 사회변혁 운동이나 경제적 부흥, 결국은 정치적 자유와 같은 열매를 맺는데 영향을 끼쳤다. 이런 것들이 불이 붙은 것은 새로운 교육을 통해서 뿐 아니라 소명이라는 교리를 가르친 것과도 연관이 있다. 루터는 "대교리문답서"에서 목회자들을 위해 소명의 교리를 구체적으로 전개해 놓았으며, "의무 조항"을 갖추고 있는 "소교리문답서"에서는 소명을 모든 성도들이 명심해야 할 중심 교훈으로 놓았다. 칼빈과 그의 추종자들도 세상 속에서 살아가는 그리스도인의 소명을 중요시했으며, 청교도는 소명에 대한 가르침을 더 구체화시켜 미국 문화를 형성하는데 영향을 주었다.

기독교 소명 의식은 개혁 교회가 영향을 끼친 문화의 이면에 많이 스며있는데 사람들은 이를 종종 오해하기도 한다. 개혁 교회가 개인주의 성향을 증대시키는 결과를 가져왔지만, 그게 신학이 개인에게 최고의 권위를 부여했기 때문인 것은 아니다. 오히려 소명에 대한 가르침은 각 개인이 자신의 독특성, 재능, 인격에 더욱 관심을 기울이도록 용기를 북돋아 준 것이다. 이러한 재능이나 인격은 하나님이 주신 선물이다.

하나님은 사람들을 제각기 다르게 창조하시고 정하신 뜻대로 살아가도록 각자 다른 모습으로 부르신다. 소명에 대한 가르침은 획일성을 타파하고, 모든 사람의 유일성을 깨닫고, 인간의 차이점을 인정하고 받아드리는 것이다. 그렇지만 세속적인 개인주의 경향으로 흘러 자기 중심적인 나르시시즘에 빠지는 것을 피하고 다른 개인과 공동체를 이루도록 해야 한다.

결국 종교개혁은 "개신교 직업 윤리"를 탄생시켰는데, 이는 일부 사회과학자들이 어리석게 주장하는 세속적인 성공으로 인정받을 수 있다는 엉뚱한 압박감에서 나온 것이 아니다. 오히려 직업 윤리는 직업의 의미에 대한 이해와 소명에 대한 기독교의 가르침에 비춰본 평범한 인간의 노동에서 오는 만족과 성취감에서 나온 것이다.

종교개혁 시대에 개혁 교회가 사회제도뿐 아니라 미술, 문학, 음악 등 전 문화에 걸쳐 유쾌하고 풍성한 영향을 끼칠 수 있었다는 사실은 소명에 대한 가르침이 등장한 것과 무관하지 않다. 이 가르침을 회복한다면 그리스도인이

다시 한번 이 시대 문화에 영향을 끼칠 수 있는 길이 열리게 될 것이다.

이 책의 목적

이 책은 소명의 원리를 설명하며 동시에 21세기를 살아가면서 이 원리를 실제적으로 삶에 적용하려는 시도에서 썼다. 먼저 소명의 목적은 무엇인가? 어떻게 자신의 소명을 찾는가? 하나님은 어떻게 우리에게 각기 다른 소명을 주셨는가? 그리고 우리가 매일매일 살아가며 생활 속에서 어떻게 하나님이 함께하시는지를 살펴보며, 소명의 본질을 알아보려고 한다. 그 다음에 우리 모두에게 공통적이고 구체적인 소명과 특별한 문제들을 상세하게 다룬다.

종교개혁가들은 각각의 그리스도인은 복합적인 소명을 가진다고 주장한다. 우리는 자신의 직업에서 소명을 가진다. 자신의 가정에서도 소명을 가진다. 사회에서는 한 사람의 시민으로서의 소명도 가진다. 그리고 교회에서도 소명을 가진다.

오늘날 그리스도인들에게는 그 각각의 소명이 주요 관심사이고, 또한 고민하는 문제이다. 그리스도인 사업가,

예술가, 변호사, 과학자, 기술자 등이 된다는 것은 무엇을 의미하는가? 내 직업을 통하여 어떻게 하나님께 영광을 돌릴 수 있을까? 그리고 만약 그렇게 만족을 주는 직업을 가지지 못하였을 때는 어떻게 해야 하는가? 막다른 골목과도 같은 내 직업을 어떻게 생각하는가? 그리고 하나님이 나를 어떻게 부르셨는지, 어떤 소명을 주셨는지 어떻게 알 수 있을까? 인생을 살아가며 어떤 일을 하도록 예정하셨는지 어떻게 알 수 있을까?

기독교 가정을 꾸민다는 것은 어떤 의미가 있는가? 내 아이들을 어떻게 키워야 할까? 만약 내가 가족 지향적인 교회 프로그램으로부터 소외되는 독신자라면? 내가 결혼을 원하는데, 적절한 배우자를 찾지 못한다면? 결혼을 했다면 나의 배우자와는 어떤 관계를 맺어야 하는가? 부모라면 자녀들과는 어떤 관계를 가지도록 되어 있는 것일까? 그 반대의 경우는? 이 모든 권위 문제에 대해서는?

그리스도인들이 정치에 참여해야만 하는가? 비기독교 문화 혹은 반기독교 문화에서 그리스도인으로서의 역할은? 우리는 그 문화를 지배해야 하는가? 아니면 우리가 그 문화에 지배를 당해야 하는가? 혹은 그 문화를 포기해야만 하는가? 우리는 항상 지배자에게 순종해야 하는가?

그리스도인들은 어떻게 상황을 변화시킬 수 있는가?

교회에서 목회자들과 성도들의 역할은? 누가 무엇을 해야 하는가? 누가 누구에게 순종해야 하는가? 교회의 활동과 책임이 우리의 다른 활동에서의 책임과 어떤 관계가 있는가? 세상적인 소명은 복음전도와 어떤 관계가 있는가?

이 책은 이러한 질문들을 다룬다. 그렇다고 모든 범주의 사람들에게 시원한 답을 주지는 못한다. 그러나 그러한 문제들에 관한 생각과 그러한 생각에 따라 행동하기 위한 영적인 틀을 제공한다.

직업에서의 성공을 위한, 성공적인 가정을 꾸리기 위한, 나아가 이 세상을 변화시키는 데 성공하기 위한 비법을 제공하는 책들과는 달리, 이 책은 정직하기 위해 노력했다. 소명의 원리는 매우 현실적이기 때문에, 각각의 모든 소명에 수반하는 여러 가지 문제와 죄와 혼란을 설명한다. 종교개혁가들은 소명에서 실패했을 때, 우리의 소명이 아무런 열매를 맺지 못한 것처럼 보일 때에 관해 많은 얘기를 했다. 소명에서 '십자가를 지고'라는 종교개혁가들의 말의 의미는 무엇일까? 소명에서 기도의 역할에 관해서는 뭐라고 했을까? 그리고 절망적인 시기에 하나님께 맡기라는 말씀의 의미는 무엇일까? 어쩌면 그 부분은 이 책에서 가장 큰 도움이 되어 주고 격려해 주는 페이지들일 수도 있다.

나는 여기서 다루는 주제들 가운데 특정한 부분들은 주로 루터의 소명에 관한 이해로부터 끌어냈음을 밝힌다. 그 주제에 관해서는 청교도로부터 시작해 최근의 오스 기니스Os Guinness의 저서 『소명The Call』(한국기독학생회출판부)에 이르기까지 도움이 되는 책들도 많았다. 그러나 루터는 독특한 방법으로 접근했다. 소명을 우리가 그리스도인 근로자로서 혹은 그리스도인 시민으로서, 그리스도인 부모로서 우리가 "해야만 하는 일이 무엇인가?"라는 관점에서 보았다. 루터는 우리의 소명 안에서, 그리고 우리의 소명을 통하여 하나님은 무엇을 하시는지를 강조했다. 다시 말해 소명은 단순히 율법의 문제가 아니었다. 그러나 루터도, 이 책도 소명의 그 부분을 간과하지 않았다. 오히려 소명은 우리 자신의 문제가 아니라 복음에 관한 일이고, 하나님의 활동을 나타내는 것이다. 이러한 점에서 소명은 우리에게 지워지는 실패할지도 모르는 또다른 짐이 아니라, 실패할지라도 우리를 통한 하나님의 일로 인해 다른 사람들로부터 받게 되는 축복과 하나님의 사랑과 은혜를 경험할 수 있는 또다른 영역이다.

루터는 소명을 하나님의 가면이라고 말했다. 그것은 하나님은 일터에, 가정에, 교회에, 그리고 세속적인 사회로 보이는 곳에 숨어 계신다는 의미이다. 하나님의 실재하심을 설명하는 방식으로 하나님이 숨어 계신다고 말하는 것은 술래잡기를 하는 한 어린아이가 방안의 어딘가에 숨었을 때, 보이지는 않지만 그곳의 어딘가에 있다고 말하는 것과 같다.

우리 인생의 대부분을 빼앗기는 세상적인 일들(출근하고, 아이들과 축구 연습을 하고, 가게에서 물건을 구입하고, 주방에서 음식을 차리고, 집안을 치우고, 교회에 가는 등)은, 하나님이 그러한 일들과 관련하시기 위해 숨어 있는 장소이다. 많은 사람들은 신비로운 경험이나 놀라운 기적이나 그들이 하는 비범한 행동을 통해서 하나님을 찾는다. 그것에 비해 소명 안에서 그분을 찾는 것은 정말로 하나님을 이 세상으로 오시게 해, 우리가 실제로 그분과 어떻게 가까이 지내고 있는지 보여드리며 날마다 삶을 변화시키는 것과 같다.

2

하나님은 어떻게 사람을 통해 일하시는가?

"하나님 제 병을 고쳐 주세요."

나는 몸이 아파서 병원에 갔다. 간호원은 몇 가지 검사를 했고, 의사는 진찰을 하고 나서 처방전을 써 주었고, 나는 약국으로 갔고, 약사는 그 처방전에 따라 약을 지어 주어 그 약을 먹었다. 그러자 곧 나았다. 하지만 나의 병을 고쳐 주신 분은 하나님이시다. 그분은 의료인들의 소명을 통해 나를 치료해 주신 것이다.

"하나님께서 나에게 말씀하신다." 목회자는 하나님의 말씀을 읽어 준다. 그리고 설교를 통해 하나님의 말씀을 설명해 주고, 그에 따라 나는 내 자신이 얼마나 큰 죄인인지 인식한다. 그러나 그 다음 목회자는 복음을 선포하며, 예수님이 나를 구원하기 위해 십자가에 못박혀 죽으셨기 때문에, 나는 그분 안에서 용서받았음을 알려 준다. 나는 하나님이 목회자의 소명을 통하여 내게로 오셨음을 감사드린다.

"하나님이 나에게 먹을 것을 주신다"고 해서 만나를 직접 내려 주시는 것이 아니라, 패스트푸드 점에서 아르바이트를 하는 10대 소년을 통해 주신다. 나를 고용한 고용주의 도움을 받아 "하나님은 내게 입을 옷과 쉴 수 있는 집과 먹을 양식을 주신다." 고속도로의 경찰관이 나를 불러 세우는 것은 싫지만, 그 사람들을 통해 "나를 보호해 주신다." 감사하게도 "하나님이 내게 음악을 통해 즐거움을 주신다." 내가 듣고 있는 노래를 부르는 가수에게 재능을 주셨기 때문이다.

이 모든 것은 소명이라는 견지에서의 생각이다.

하나님의 섭리

다음 이야기가 요즘엔 좀 생소할지도 모른다. 우리는 하나님을 늘 우리와 함께하시는 분이라기보다는, 공상 세계에서 마법과 같은 능력을 가진 신비스러운 분으로 생각한다. 그래서 하나님은 평범한 방식이 아니라 신비스러운 방식으로 일하신다고 생각한다. 만약 하나님께서 우리를 치료하신다면, 우리는 의사로서 설명할 수 없는 기적과 같이 휠체어에서 혹은 병상에서 벌떡 일어나는 것과 같은, 무엇인가 놀라운 일을 기대한다. 가끔은 그런 일이 일어나기도 한다. 하지만 하나님이 주로 사용하시는 방법은 믿기 어렵겠지만, 너무 평범하고 세상적이다. 하나님이 말씀하실 때 우리는 신비로운 환상을 통해서는 아닐지라도, 최소한 내면의 소리를 기대한다. 그러기에 하나님께서는 종이에 글이 인쇄된 단순한 책을 통하여, 더구나 우리와 전혀 다를 것 없는 목회자의 설교를 통하여 말씀하신다는 사실은 적잖이 실망스럽다.

우리가 지금 살아가는, 눈에 보이는 이 세상은 하나님이 계시는 곳이 아니라고 생각하는 사람들이 많다. 하나님은 일상 생활을 초월한 "저 위"에 계시거나 "우리 안"에 계시는 분이다. 세상은 스스로 알아서 굴러간다고 생각한다. 하지만 하나님은 창조 세계를 초월해 계시면서 동시에 이 세상을 다스리고 계시는 분이다. 이것은 진리이다. 사도 바울은 이렇게 말하고 있다. "… 이는 만민에게 생명과 호흡과 만물을 친히 주시는 자이심이라." "… 우리 각 사람에게서 멀리 떠나 계시지 아니하도다 우리가 그를 힘입어 살며 기동하며 존재하느니라 …"(행 17:25, 27-28).

"… 사실 하나님은 우리에게서 멀리 떠나 계신 것이 아닙니다. 우리는 그분 안에서 살고 움직이며 존재합니다 …"(행 17:28, 현대인의 성경).

예전에는 기독교인들이 하나님의 "섭리providence"라는 개념을 당연히 받아들였다. "공급하다provide"라는 말에서 온 섭리라는 개념은 그저 하나님께서 결정권자로서의 통제만이 아니라, 이 세상 만물을 하나님이 직접 보살피고 계시다는 것이다.

18세기 이후 지난 세기까지 문화 속에서 나타난 뚜렷한 특징은 사고의 틀이 점점 세속화되었다. 그 결과 "모더니티(현대성)"는 하나님의 흔적을, 그 어떤 의미의 흔적까지도 모두 현실 세계에서 없애버렸다. 사람들은 과학이라는 것이 자연과 사회에 관한 모든 것을 완벽하게 설명할 수 있다고 믿었다. 이성적이면서 초자연적인 법칙이 실재하는 만물에 대해 설명한다. 누군가가 종교를 필요로 한다면, 종교라는 것도 나쁘지 않다. 하지만 종교는 완전히 개인적인 문제다. 사람을 더 기분 좋게 해줄 수 있는 내면적이고, 경험적이며, 신비한 정서 같은 것일 뿐 "현실 세계"와는 아무런 관계도 없다.

현대에 와서 실존주의자들이 등장했는데, 포스트모더니즘의 토대를 쌓게 된 이들은 여기서 한 발짝 더 나아갔다. 엄격히 말해, 외부 세계는 무의미하다고 주장했다. 그렇다. 세상은 자연의 법칙을 따른다. 어느 실존주의자의 설명을 좀 더 인용해봤자 똑같은 말을 되풀이하는 정신나간 짓처럼 무의미한 일일 뿐이다. 의미란 순전히 인간의 창조물이다.

아무리 무의미한 세상에 살고 있다 해도 인간은 이 무의미한 세상에서 존엄성을 갖고 살아가기 위해 스스로 의미(가치나 신념, 종교까지도)를 창조할 수 있는 존재다. 좀 더 나아가 그런 의미는 개인적인 것이며 그렇게 만들어 놓은 "진리"는 상대적이다. 누군가에게 의미가 있다고, 다른 사람에게도 의미가 되는 것은 아니다. 객관적인 진리로 자리잡을 수 없다. 실존주의자들은 다른 사람에게 억지로 강요하지 않고 객관적인 우주에 대한 진리를 주장하지 않는 한 기독교를 인정할 수 있었을 것이다. 종교는 한 사람의 내면적인 문제로 국한될 때에만 용납되었다. 객관적인 하나님은 배제되었고, 완벽하지 못하나마 신격화된 자아와 같은 주관적인 신성은 사회적으로 용납되었다.

특히 기독교인들이 이런 세계관을 갖고 살았다. 많은 기독교인이 현대의 무신론을 부정하고는 있지만 정작 그들이 하나님을 보이지 않는 곳으로 끌어내리는 데 힘을 더했다. 신앙은 주관적인 체험의 영역으로 축소되었고, 기독교 윤리는 사회적 요구와는 상관없이 개인적인 행위의 문제가 돼버렸다. 프란시스 쉐퍼가 말한 것처럼 기독교는 일상생활과 확연히 구분된 "머리 속의 이야기"에서 체험하는 일이 돼버렸다.

기독교는 점점 더 이 세상에서 멀어져 갔다. 세상 속에서 일하며 살아가면서도 자신이 신앙을 통해 추구하는 초월적인 간섭과는 아무 관계없는 존재라고 여기는 기독교인들처럼 말이다. 가시적 제도인 교회도 많은 신앙인들의 관심을 잃었다. 그들은 신앙 생활이 순전히 내면적인 것이라면 외형적인 제도는 필요하지 않다고 생각하게 되었다. 컨트리 가수 탐 홀이 노래하는 가사처럼 필요한 건 "나와 예수"뿐이며 예수도 내 머리 속에만 살아계시면 된다.

어떻게 이런 일이 벌어졌을까? 사람들은 왜 외부 세계가 더 이상 하나님과 영적인 실체의 영역이 아니라고 생각하게 되었을까? 분명히 현대에 나타난 주장들은 그리 강력하지 않았다. 어떻게 자연법칙이 이성적이면서도 비인격적일 수 있는가? 이성이라는 것은 정신, 우리 눈에 보이는 것 뒤에 감추어진 인격의 증거가 아닌가? 그리고 인생이란 무의미하다는 것은 무슨 뜻인가? 엄마 뱃속에서부터 죽을 때까지 인생의 단계마다 순서, 계획, 목적이 있지 않은가? 무의미하다는 것은 방황하는 영혼이 고민하는 마음에서부터 오는 주관적 것이 아닌가?

우주만물이 하나님께 버림받았다는 새로운 시각에 기독교인들이 그렇게도 쏙 빠져들게 된 이유는 현대에 이르러 하나님이 도구 혹은 수단을 통해 일하신다는 사실을 잃어버렸기 때문이 아닐까 싶다. 전에는 하나님이 비를 내리게 하신다고 생각했다. 그러나 계몽주의 시대 과학자들은 기압과 적당한 습도, 한랭전선에 대한 연구 자료를 제시하고 '이것'들이 비를 내리게 한다고 했다. "비의 원인을 설명하는 데, 하나님은 필요 없다"고 말했다. 그러나 화학적이고 기상학적인 과정을 알게 되었다고 해서, 하나님이 비를 내리게 하신다는 사실이 사라지는 것은 결코 아니다. 자연계에서 일어나는 모든 현상을 계획하고, 창조하고, 지속하는 분은 바로 하나님이시다. 하나님은 도구를 사용하여 일하신다.

종교개혁 시대에 기독교인들은 이를 아주 잘 이해하고 있었다. 루터는 하나님이 두 왕국을 통치하신다고 믿었다. 신앙 생활을 하도록 죄인들을 불러 영생을 준비시키며 그들의 마음을 다스리는 영적인 왕국과 하나님이 창조하신 모든 것, 즉 만물을 다스리시는 이 땅의 왕국이다.

하나님의 영적인 왕국은 루터와 칼빈이 모두 은총의 도구라고 한 것을 통해 이루어진다. 하나님은 백성들에게 믿음을 그냥 안겨 주시는 것이 아니다. 길잃은 자들을 돌아오게 하고 백성들이 믿음을 잘 지켜 살도록 어떤 도구들을 사용하신다. 하나님의 말씀이 가장 기본적인 은총의 도구이다. 말씀은 공중을 가르는 떨림이든, 종이에 남은 흔적이든, 인간의 언어를 통해 드러나는 하나님의 계시다. 말씀은 백성들로 하여금 믿음을 갖고 성숙한 신앙생활을 하도록 인도하시는 성령의 역사다(히 4:12, 롬 10:17). 하나님의 은혜, 예수님을 통한 사랑과 용서의 메시지는 복음이 뚜렷하게 표현되는 성례전을 통해 다가가기도 한다. 세(침)례 의식에서는 그리스도의 죽음과 부활이 함께 표현되고, 성찬식에서는 우리 죄를 용서하신 예수님의 몸과 보혈이라는 선물이 드러난다.

하나님의 영적인 왕국은 교회를 통해 뚜렷하게 표현된다. 교회인 구원받은 하나님의 백성들은 말씀과 성례전 주변에 모인다. 하나님은 교회라는 제도를 통해 자녀들의 영혼을 보살피고 구원의 메시지를 다른이들에게 전하게 하신다. 목회를 하도록 '부름'을 받은 목사의 소명이 여기 있다. 목사가 하나님의 말씀을 가르치고, 복음을 선포하고, 세(침)례를 주고, 성찬식을 집례할 때, 실제로 가르치고 복음을 전하고 세례를 주고 예식을 주관하는 분은 그리스도라는 의미가 있다. 하나님은 목사라는 "이 세상에 있는 도구"를 통해 일하신다.

하나님이 영적인 왕국에서 도구를 통해 일하시는 것처럼, 이 세상 왕국에서도 도구를 통해 일하신다고 종교개혁가들은 생각했다. 하나님은 창조 세계에 마련해 놓으신 자연법칙을 통해 일하신다. 하나님은 당신의 도덕률을 통해 국가를 다스리시는데, 하나님을 알지 못하는 사람들도 도구로 쓰신다. 그리고 소위 말하는 세속 사회에서 소명이라는 수단을 통해 일하신다. 즉 하나님은 가정, 일터, 조직 사회를 만들어 인간이 하나님의 거대한 계획 속에서 특정한 역할을 감당하도록 하셨다.

성경에서의 소명

성경은 특별히 하나님이 소명을 받은 인간을 대리자로 세워 어떻게 일하시는지 직접 설명해 주고 있다. 사도 바울이 통치자에 대해 언급한 이야기에 나타나 있다.

"각 사람은 위에 있는 권세들에게 복종하라 권세는 하나님으로부터 나지 않음이 없나니 모든 권세는 다 하나님께서 정하신 바라 그러므로 권세를 거스르는 자는 하나님의 명을 거스름이니 거스르는 자들은 심판을 자취하리라 다스리는 자들은 선한 일에 대하여 두려움이 되지 않고 악한 일에 대하여 되나니 네가 권세를 두려워하지 아니하려느냐 선을 행하라 그리하면 그에게 칭찬을 받으리라 그는 하나님의 사역자가 되어 네게 선을 베푸는 자니라 그러나 네가 악을 행하거든 두려워하라 그가 공연히 칼을 가지지 아니하였으니 곧 하나님의 사역자가 되어 악을 행하는 자에게 진노하심을 따라 보응하는 자니라" (롬 13:1-4)

통치자의 소명에 관한 주제(국민에 대한 의무와 권세의 한계)는 '시민으로서의 소명'(7장)에서 다룬다. 여기서는 하나님이 어떻게 인간의 소명을 통해서, 하나님을 알지 못하는 관리들까지 불러 일하시는데 대해 성경이 뭐라고 언급하고 있는지 살펴보자.

첫째로 하나님께로부터 나지 않은 권세는 없다. 이는 부모나 고용주(성경에서 "주인"이라고 하는)와 같이 정치나 사법권과 상관없는 권세와 교사나 교회 지도자와 같이 다른 사람들을 감독하는 자들을 포함한 이야기다. 모든 권세는 "하나님으로부터 나지 않음이 없나니"라는 것이다. 엄격히 말해 하나님만이 진정한 권세자이시며, 본질적으로 주권을 가지시고, 올바른 명령을 내릴 권한을 가진 유일한 분이다. 재판, 치안, 행정 그밖의 다른 관리로 부름을 받은 자들은 대여받은 권세, 자신의 것이 아니라 하나님의 것인 권세를 행하는 것이다.

이런 권세를 받은 관리 중 한 사람인 백부장이 예수께 와서 말했다. "나도 남의 수하에 있는 사람이요 내 아래도 군사가 있으니…"(마 8:9). 관리들도 권세 아래 있다. 궁극적으로 하나님의 권세 아래 있기 때문에 만일 자신의 권세를 남용하거나 하나님의 권세를 넘보게 되면 부르심에 벗어난 일을 하는 하는 것이다. (앞으로 살펴보겠지만 소명에 대한 원리doctrine of vocation는 현재 상황을 신성한 것으로 바꾸어 놓는 법칙이 아니라, 현재 상황이 하나님 말씀 아래 복속되도록 하는 결정적인 본보기를 제시하는 것이다.) 어쨌든 틀은 정해졌다. 하나님의 권세는 인간의 특정한 소명을 입고 나타난다.

로마서 13장 말씀을 좀더 살펴보자. 관원은 하나님의 사역자일뿐 아니라(그들은 자신보다 더 큰 하나님의 권세 아래 있다) 하나님의 도구이다. 성경을 보면 그들은 악을 행하는 자에게 "진노하심을 따라 보응하는 자"이다. 즉 하나님은 살인범, 강간범, 수많은 범죄자들을 경찰관, 재판관, 배심원, 교도관 심지어 사형집행인과 같은 인간의 소명이라는 도구를 통해 처벌하신다. 이 말씀은 정치 지도자와 같은 권세가 아니라 악을 행한 자를 심판하는 권세에 대해 언급하고 있다. 죄 많은 세상에서 우리는 악행을 꼭 제지해야 한다. 그렇지 않으면 우리는 지구상에 있는 생명과 온갖 사회 질서를 마비시키며 서로에게 고통을 주게 된다. 비록 우리 모두 죄인이며 마음속에 사악함을 품고 있지만, 하나님은 소명을 통해 우리가 실제로 저지르는 악한 행위를 막으신다.

이 말씀은 소명에 관한 또다른 중요한 점을 가르쳐 준다. 바로 그 다음 문장에서 사도 바울은 그리스도인들에게 복수하지 말라고 말씀하신다.

"아무에게도 악으로 악을 갚지 말고 모든 사람 앞에서 선한 일을 도모하라 할 수 있거든 너희로서는 모든 사람과 더불어 화목하라 내 사랑하는 자들아 너희가 친히 원수를 갚지 말고 하나님의 진노하심에 맡기라 기록되었으되 원수 갚는 것이 내게 있으니 내가 갚으리라고 주께서 말씀하시니라 네 원수가 주리거든 먹이고 목마르거든 마시게 하라 그리함으로 네가 숯불을 그 머리에 쌓아 놓으리라 악에게 지지 말고 선으로 악을 이기라"(롬 12:17-21)

바로 그 다음의 문장은 위에서 인용한 "각 사람은 위에 있는 권세들에게 복종하라"이다. 첫째는 원수와 악을 행한 사람까지도 용서하고 사랑하라고 가르치신 산상 설교의 만개한 이론이다. 그 다음은 악을 행한 사람은 결국에는 처벌받게 되리라는 냉혹하게 보이는 말씀이다.

여기에 원칙이 있다(이 원칙에 대해서는 뒷부분에서 다룸). 하나의 소명 안에서 허용되는 것이라 해도, 꼭 다른 소명에서도 허용되는 것은 아니다. 로마서 12장에서, 그리스도인들은 악을 행하는 사람들을 처벌하지 말라고 말씀하신다. 그러나 이것은 악을 행한 사람이 죄사함을 받게 되리라는 의미는 아니다. 하나님께서 그들을 벌하신다. "너희가 친히 원수를 갚지 말고" 우리에게 이렇게 말씀하신다. "원수 갚는 것이 내게 있으니 내가 갚으리라 …." 우리는 악에 대한 처벌을 우리 스스로 행하는 것이 아니라, 오히려 "하나님의 진노에 맡긴다." 그리하여 그 다음 말씀은 관원의 소명에 관한 이론으로 발전한다. "그는 하나님의 사역자가 되어 네게 선을 이루는 자니라. 그러나 네가 악을 행하거든 두려워하라. 그가 공연히 칼을 가지지 아니하였으니 곧 하나님의 사역자가 되어 악을 행하는 자에게 진노하심을 따라 보응하는 자니라"(롬 13:4). 우리는 악한 일을 당할 때면, 우리의 입장에서는 용서하고, 악을 선으로 극복하고, 잘못된 행동에 친절함으로 보답해야 된다. 우리의 적에게 벌을 주시는 것은 하나님이 하실 일이다. 그분의 진리만이 절대적으로 정당하기 때문이다. 그것은 오직 최후의 심판 때 이루어질 수도 있다. 혹은 사회의 평화를 파괴하고 물리적으로 다른 사람에게 해를 끼치는 지나친 악한 행동에는, 하나님은 세상적인 면으로 벌하시기도 한다. '하나님의 진노'를 위하여 일하는, 관리라는 소명을 통해 악에게 하나님의 진노를 나타내신다.

그러므로 누군가 우리의 승용차 문을 열고 들어와 카스테레오를 훔쳐갔다고 해서 우리가 범인을 추적하여 총으로 쏘아 죽이지 않는다. 우리에게는 그럴 권한이 없다. 우리는 그런 일을 할 소명을 가지지 않았다. 우리가 해야 할 일은 경찰에 신고하는 것이다. 경찰은 범죄자를 체포할 권한이 있고, 판사와 배심원들은 범죄자에게 판결을 내릴 소명이 있다(뒤에 좀더 자세하게 설명함).

성경은 하나님이 사람을 통해 일하신다는 이론을 뒷받침해 주는 성경 구절로 가득하다. 하나님은 인간의 소명 속에 숨어 계신다. 하나님이 우리의 아버지가 되신다는 것을 인간인 아버지들의 배후에서 보여 주신다. 결혼 관계는 그리스도와 교회와의 관계를 반영한다. 자신의 주인에게 봉사하는 것은 곧 그리스도께 대한 봉사이다. 이 점에 관해서는 적절하게 여러 장에서 상세히 이야기할 것이다.

많은 그리스도인들은 "누가 누구에게 복종해야만 하는가?"에 이르면, 말씀의 요점을 놓쳐 버린다. 이 성경 구절은 권세와 관리에 관계되기는 하지만, 그 주제는 소명이다. 하나님의 섭리라는 관점에서 보면, 하나님이 우리의 필요를 어떻게 채워 주시는지는, 우리가 원하는 대로 조절할 수 없다. 하나님은 사법관을 통해 우리를 보호하신다. 아버지들을 통해 우리를 보호하시고 배우자에 의해 우리를 축복하신다. 앞으로 보게 되지만 각각의 소명에는 권력을 가진 사람들도, 그 권세에 지배를 받는 사람들의 행복을 보장해야 한다는 책임이 따른다.

또한 하나님은 당신을 모르는 사람들을 통해서까지도 일하신다는 점을 강조하지 않을 수 없다. 하나님은 당신이 만드신 세상 속에서도, 세속의 왕국에서도, 믿지 않는 사람들 사이에서도 활동하신다. 로마서의 말씀들은 종종 이교도 로마의 법제도와 관련된 것이라는 지적이 있다. 그리고 그밖의 사도 바울의 말은 하나님을 모르는 타락한 '황제 네로'와 관련된다. 우리는 가끔 로마를 전체주의 국가로 생각하지만, 위대한 문명에 의해 탄생된 그들의 법제도는, 몇몇 행정관들의 잔인성에도 불구하고, 놀라울 정도로 공정하다. 그러기에 로마의 법은 오늘날 우리의 법제도의 기초가 되기도 했다. 어쨌든 하나님은 이방인들의 나라도 지배하시고, 하나님을 모르는 사람들을 통해서도 일하신다는 점은 분명하다.

이 점은 하나님이 당신의 백성들을 징벌하시기 위해 페르시아의 고레스를 도구로 사용하신다는 선지자 이사야의 글에 의해 명백해진다.

"여호와께서 그의 기름 부음을 받은 고레스에게 이같이 말씀하시되 내가 그의 오른손을 붙들고 그 앞에 열국을 항복하게 하며 내가 왕들의 허리를 풀어 그 앞에 문들을 열고 성문들이 닫히지 못하게 하리라 … 내가 나의 종 야곱, 내가 택한 자 이스라엘 곧 너를 위하여 네 이름을 불러 너는 나를 알지 못하였을지라도 네게 칭호를 주었노라 나는 여호와라 나 외에 다른 이가 없나니 나밖에 신이 없느니라 너는 나를 알지 못하였을지라도 나는 네 띠를 동일 것이요. 해 뜨는 곳에서든지 지는 곳에서든지 나밖에 다른 이가 없는 줄을 알게 하리라 나는 여호와라 다른 이가 없느니라 나는 빛도 짓고 어두움도 창조하며 나는 평안도 짓고 환난도 창조하나니 나는 여호와라 이 모든 일들을 행하는 자니라 하였노라"(사 45:1, 4-7)

이스라엘의 배신자들이 안고 있는 문제들 중의 한 가지는, 전지전능하신 하나님을 다른 이방 민족의 신과 비슷한 신이며, 그에 따라 그 능력도 한정적일 수밖에 없다고 생각했다는 점이다. 하나님은 그들이 상상하는 것보다 훨씬 크신 분이다. 또한 그분의 주권은 이 세상의 가장 위대한 황제까지도 그분의 말씀에 따라야만 할 정도로 강력했다. 실제로 그들의 지위와 성취 모두 하나님이 그들을 부르셨기에 이루어진 것일 뿐이다.

  신학자들은 가끔 소명이라는 용어는 그리스도인들에게 모두 적용해야 한다고 말한다. 특정한 임무 혹은 지위로 부르심을 받는 것은, 복음에 의해 믿음의 인생으로 부르시는 기능임이 명백하다. 하나님은 믿지 않는 사람들을 통해서도 일하신다는 데 동의하는 한편으로, 그들은 자신의 역할에 대해 관리, 기업, 국가 등 다른 용어를 사용한다. 그러나 자신의 인생을 '하나님의 소명'이라는 관점에서 이해하는 그리스도인들은 자신의 앞길에 놓여진 일을, 같은 일을 하지만 죄에 빠져 있는 사람들과는 전혀 다른 방식으로 본다는 점은 명확한 진실이다. 나는 그러한 구분에 동의한다. 그리고 이 책의 목적을 이루기 위해 내용을 쉽게 하고, 용어 사용을 최소화하려는 의도에서, 소명이라는 용어를 믿는 사람들과 믿지 않는 사람들 모두에게 적용한다. 그렇지만 그 차이에 대해서는 분명히 논의할 것이다.

  중요한 것은, 하나님의 권능과 그분의 섭리는 그리스도인을 초월하여 펼쳐진다. 즉 하나님은 세상에서 자신에게 반항하는 사람들까지도 다스리신다. 하나님이 내게 일용할 양식을 주셨을 때, 오직 그리스도인 농부들만을 사용하셨을까? 전혀 그렇게 생각하지 않는다. 다만 그렇게 생각하고 싶을 뿐이다(나에게 일상적으로 바게트빵을 파는 유태인의 경우, 빵을 굽고 파는 그 사람은 분명히 그리스도인이 아님). 그 빵이 내 육체에 영양을 준다는 효력에 관해서는 진정한 문제가 되지 않는다.

이 세상에서는 농부의 일이나 혹은 제빵인의 일을 그리스도인이나 비그리스도인이 하더라도 크게 다르지 않다. 그러나 하나님의 나라에 들어갈 때에는 그리스도인이나 비그리스도인의 차이는 커다란 문제가 된다.

농작물을 키우기 위한 하나님의 방법, 즉 생물학적, 화학적, 인간의 영양섭취에 필요한 모든 것들을 주실 때는 모든 사람들에게 동일하게 주신다. "심는 자에게 씨와 먹을 양식을 주시는 이가 너희 심을 것을 주사 풍성하게 하시고"(고후 9:10). 또한 그분은 "비를 의로운 자와 불의한 자에게 내려주심이라"(마 5:45).

하나님의 능력과 보살핌의 범위는 우리가 상상할 수 있는 것보다 훨씬 넓다. 그리고 그분은 당신의 모든 피조물들의 일에 우리가 상상할 수 있는 것보다 훨씬 더 친밀하고 세밀하게 관여하신다.

3

소명의 목적

    종교개혁에 의해, 종교적인 행동 즉 선행을 포함해서 어떤 행위로도 행한 일에 의해 구원을 받을 수 없다고 했다. 그럼에도 불구하고, 엄격한 윤리적 행동의 대명사처럼 되어 버린 청교도들과 일부 사람들의 직업 윤리에 깊은 영향을 주었다.

    종교개혁가들과 그들의 성경의 이해에 따르면 우리는 순전히 하나님의 은혜로 구원받았고, 우리 자신의 아무리 선한 행위나 그 무엇도 그리스도의 구속 사역에 공헌하지 못했다. 십자가의 그 신비로운 교환에서 예수님은 우리의 모든 죄를 대신 지셨고, 우리가 받아야만 하는 벌을 대신

받으시며, 우리에게 당신의 의로움을 돌려주셨다. 우리는 선한 일을 한 사람으로서가 아니라 죄인으로서 하나님 앞에 설 수 있다. 그리고 하나님으로부터 깨끗하고, 아낌없고, 무조건적인 용서를 받았다.

> "너희는 그 은혜에 의하여 믿음으로 말미암아 구원을 받았으니 이것은 너희에게서 난 것이 아니요 하나님의 선물이라 행위에서 난 것이 아니니 이는 누구든지 자랑하지 못하게 함이라" (엡 2:8-9)

우리와 하나님과의 관계에는 우리의 일로써 행한 일이 선한 일이든지 악한 일이든지 아무런 영향도 끼치지 않으며, 그것은 온전히 하나님의 일이시기도 하다. 사도 바울은 계속해서 이야기한다.

> "우리는 그의 만드신 바라 그리스도 예수 안에서 선한 일을 위하여 지으심을 받은 자니 이 일은 하나님이 전에 예비하사 우리로 그 가운데서 행하게 하심이니라" (엡 2:10)

우리를 창조하셨기 때문에, 우리 인생의 목적은, 하나님이 우리로 하여금 행하도록 예비해 두신 선한 일을 하는 것이다. "우리는 그의 만드신 바라…." 이것은 하나님이 우리 안에서 당신이 예정하신 일을 하신다는 의미이다. 달리 말하면, 우리는 소명 원리로 돌아가게 된다는 것이다.

신앙과 일

그러므로 우리의 일이 하나님과 우리와의 관계에는 아무런 영향도 끼치지 않는다. 그러나 하나님께서 이 세상에서 우리에게 맺게 해주신 다른 사람과의 관계에서는 우리의 일이 영향을 준다. "하나님이 보시기에 실제로 사람을 거룩하게 하는 것은 믿음이다." 루터는 그의 대교리문답서에서 이렇게 말한다. "믿음은 하나님을 받드는 것이며, 반면에 우리의 일은 사람들을 받드는 것이다." 신학자 구스타프 빙그렌은 이렇게 설명한다. "하나님은 우리의 선한 일을 필요로 하지 않으시지만, 우리의 이웃은 필요로 한다."

그리스도인은 하나님의 두 왕국 모두의 시민이다. 하나님의 영적인 왕국에서 우리는 그리스도의 품안에서 쉬고, 그분의 땅의 왕국에서 우리는 다른 사람들을 섬긴다. 그리스도께서 몸소 행하신 가장 큰 계명은 "…주 너의 하나님을 사랑하라…" 그리고 "…네 이웃을 네 자신과 같이 사랑하라… "이다(막 12:30-31). 우리는 하나님이 먼저 우리를 사랑하셨기에 하나님을 사랑한다(요일 4:10, 19). 그리스도와 떨어지면, 우리가 알게 되는 것은 오직 우리의 죄에 대한 하나님의 진노이다. 그러나 이제 그리스도는 우리의 중보자이시고 그의 피로써 우리의 죄를 씻어 주셨기 때문에, 우리는 하나님이 우리의 사랑하는 아버지이심을 알 수 있다. 이제 우리는 하나님은 사랑이시고, 우리는 죄의 속박으로부터 자유롭게 되었다. 그리스도께서는 죄 많은 우리의 인생을 변화시키고자 우리 안에서 일하신다. 그러기에 우리는 우리의 이웃을 사랑할 수 있음을 알고 있다.

종교개혁가들에 의하면, 이 두 가지 영역을 혼동하는 것은 위험하다. 우리는 감히 우리가 행한 모든 선한 일만으로는 하나님 앞에 설 수 없다. 그것은 율법주의자들과 위선자들이 하는 일이다. 우리는 하나님 앞에 죄인으로서 서게 된다. 우리가 자신의 일을 믿고, 자신의 선한 일을 자축한다면, 우리는 그리스도의 용서함이 필요없다고 느끼게 된다. 그러나 예수 그리스도의 용서하심을 믿는 것이, 우리가 구원받을 수 있는 유일한 길이다.

모든 소명이 하나님 앞에서 공평한 것은 바로 그 때문이다. 목사, 수도승, 수녀, 교황이 농부, 가게 점원, 하녀, 혹은 하수도 수리공보다 더 거룩한 것은 아니다. 영적인 왕국에서는, 신성한 평등주의에서는(평등주의는 문화와도 밀접한 관계를 가진다) 농부도 왕과 동등한 존재이다. 모두가 죄인으로서 예수 그리스도에 의해 사랑받고 구원받은 사람들일 뿐이다. 그러나 땅의 왕국에서는, 그리스도인들은 각기 다른 소명을 가지고 다른 사람들과 복잡한 관계를 가지며 생활을 하는데 이것은 하나님의 사랑을 구현하는 기회가 된다.

루터는 신앙은 하나님을 섬기고, 일은 우리의 이웃을 섬긴다고 했다. 우리는 가끔 '하나님을 섬김'에 관한 얘기를 하는데, 이것은 훌륭한 목적이기도 하다. 그러나 엄밀히 말해, 영적인 영역에서는 하나님이 우리를 섬기신다. "인자가 온 것은 섬김을 받으려 함이 아니라 도리어 섬기려 하고 자기 목숨을 많은 사람의 대속물로 주려 함이니라"(마 20:28). 우리의 소명에 비추어 볼 때 우리는 하나님을 섬기는 것이 아니라, 다른 사람들을 섬긴다.

루터는 자신에게 주어진 모든 시간을 기도와 헌신으로

써 선한 일을 행한다고 주장하는 수도원의 은자들을 맹렬히 비난했다. 그들은 누구를 돕는 것인가? 루터는 그들의 행위는 전혀 선한 일이 아니라고 외쳤다. 당신들의 도움을 필요로 하는 사람들로부터는 몸을 숨기고, 하나님 앞에서 선한 행동으로써 종교적 활동을 펼치는 것은 선한 일을 제대로 이행하지 못한 결과이다.

진정으로 선한 일은 실제적으로 누군가를 돕는 것이다. 소명 안에서, 우리는 하나님을 위하여 선한 일을 하는 것이 아니라, 우리의 이웃을 위하여 선한 일을 한다. 이것은 현실적이고 혼란스러운 일상생활에서, 분란과 책임 안에서, 내면의 태도 혹은 추상적 이상이 아니라, 다른 사람들과의 명확한 상호교류에서의 도덕적 행동을 가리킨다.

"소명의 목적은 이웃을 사랑하고 섬기는 것이다." 이것은 부르심을 받은 사람들이 각기 그 소명을 다하며 살아가기 위한 시험이고, 기준이고 또 지침이다. 즉 내 소명으로 어떻게 내 이웃을 섬기는가? 나에게 주어진 특정한 소명에서의 내 이웃은 누구인가? 그리고 나는 어떻게 하나님의 사랑과 더불어 그들을 섬길 수 있는가?

주고받음

하나님의 계획 안에서, 각 사람은 자신의 이웃을 사랑하고, 각자의 소명에 알맞은 은사로 다른 사람들을 섬긴다. 이것은 "나는 나의 재능으로 당신을 섬길테니, 당신은 당신의 재능으로 나를 섬기세요"를 의미한다. 결과적으로 사랑의 힘으로 엮어진 사회질서 안에서 다양한 사람들이 거대한 교환이라는 테두리 속에서 끊임없이 주고받는 신성한 노동의 분배로 이어진다.

내가 내 집을 직접 지어야만 할 필요는 없다. 다른 누군가가 나를 위해 집을 지어 준다. 다른 누군가가 내 옷을 만들어 준다. 나는 일용할 양식을 얻기 위해서 농부, 제빵인, 식품점 종업원 등에게 의존한다. 그에 대한 교환으로 나는 책과 글을 쓰고, 대학에서 학생들을 가르친다(내가 보기에 받는 것에 비해 주는 것이 너무 적다고 느낀다).

세상 사람들은 이것을 단순히 경제라고 본다. 실제로 그렇다. 그러나 신학적으로 이것은 소명의 상호교류이다. 물론 이 책에서 자주 등장하는 농부는 나를 그렇게 사랑하지 않는다. 또 그 사람은 나를 알지도 못한다. 그럼에도 그는 자신의 소명 안에서 이웃 사람을 섬기는 것이며, 그는 사랑에서 우러나오는 행동(자신의 사랑이 아니라면, 그를 통하여 일하시는 하나님의 사랑)으로 자신은 알지도 못하는 많은 사람들에게 일용할 양식을 제공한다.

영적인 왕국에서 우리가 하나님께 전적으로 의존하는 것처럼, 땅의 왕국에서는 다른 사람들에게 전적으로 의존하는 처지이다. 물론, 이러한 사실은 현대인들의 가치와 아주 배치되는 것처럼 보인다. 우리는 자급자족이라는 꿈을 가진다. 우리는 다른 사람의 도움을 받지 않고 자신의 음식을 먹으며 성장하고, 자신이 원하는 집을 짓고 사는 인생을 꿈꾼다. 다른 사람에게 혹은 무엇엔가에 의존한다는 두려움이 너무 커서, 많은 사람들은 '기계에 의존해 생명을 연장하기' 보다는 차라리 죽고 싶어한다.

"내가 정말 무서운 병에 걸린다면, 내 아이들에게 짐이 되기 싫으니, 차라리 안락사를 시켜 주세요."

그들의 성장한 아들과 딸의 입장에서는 전혀 생각하지 않는다. 하지만 그들은 어렸을 때 먹고, 입고, 기저귀를 갈고 또 아프면 병원에 가기 위해 당신에게 전적으로 의존했었지 않은가? 우리가 받아들이거나 그렇지 않거나 간에, 자급자족은 환상에 불과하다. 우리는 살아가는 동안 농부, 수도 배관공, 의사, 우리의 부모 등 수많은 다른 사람들에게 의존해야 한다.

"… 사람이 혼자 사는 것이 좋지 아니하니"(창 2:18)

태초부터 하나님은 우리에게 가족, 종족, 사회를 주셨다. 그리고 우리에게 관계 안에 살면서, 서로를 필요로 하도록 명하셨다. 그 누구보다도 강한 들소를 잡기 위해서는 여럿이서 협동해야 했던 고대의 원시인들로부터, 현대 기업 경제에서 복잡한 노동의 분배를 하는 현대인에 이르기까지, 우리 모두는 협력하며 살아왔다.

우리는 다른 사람들에게 의존하도록 되어 있다는 말씀은 진리이다. 다른 사람들이 우리에게 의존하도록 되어 있다는 말씀도 진리이다. 이것은 수동적이고, 게으르기 때문에, 복지 차원에서 의존한다는 의미는 아니다. 오히려 내 은사는 당신을 위한 것, 당신의 소명을 위한 내 소명 식의 적극적인 교환을 의미한다. "누구든지 일하기 싫어하거든 먹지도 말게 하라"(살후 3:10). 이것이 냉혹하게 들릴지 모르지만 사도 바울이 말한 이유이다. 게으름으로 인한 의존은 날카로운 꾸짖음을 받는다(살전 4:12). 도둑질을 그만둔 도둑은 더 이상 도둑질하지 말며 제 손으로 일하게 하라는 말씀을 듣게 된다(엡 4:28). 그것은 자급자족을 위해서가 아니라, "빈궁한 자에게 구제할 것이 있기 위하여"이다. 그리하여 그는 더 이상 도둑질을 하지 않고, 오히려 베풀어 주게 된다.

이 세상에서 인생을 살아가며, 소명의 상호교류 내에서, 우리는 항상 주고받는다. 이것이 사랑의 원동력이다.

소명 안에서의 사랑

신비로운 성삼위일체에서, 하나님은 절대적인 관계를 구성하는 사람들의 관계이기에, 진실로 "하나님은 사랑이시라"(요일 4:16) 고 말할 수 있다. 사랑은 다양한 사람들과의 연결이기 때문이다. 성삼위일체 그 자신에 근거를 둔 이 사랑의 이론은, 모든 관계와 모든 사회 구성의 모범이 되었다. (C.S. 루이스의 친구인 찰스 윌리엄스Charles Williams가 이 이론을 발전시켰고, 세이어스Dorothy L. Sayers도 같은 이론을 발표했다.) 하나님은 당신이 창조하신 만물에 대한 당신의 섭리를 표현하시는 것처럼 당신의 사랑도 표현하신다. 그리고 그 과정 속으로 사람을 부르셨다.

모든 사람이 서로가 서로를 사랑하는 그러한 사회는 매우 바람직한 사회로 여겨지지만, 현실 세계는 그렇지 않다는 것을 우리 모두 잘 알고 있다. 사랑보다는 분쟁이 더 많다. 농부가 농사를 짓는 것은 사랑에 의해서가 아니라, 생활을 위해 필수적이라는 데에서 동기부여를 받을지도 모른다. 그는 자신의 생활을 책임져 줄 사람이 없다는 것을 알고 있다. 그래서 그는 스스로 벌 수 있는 것을 벌어야 한다. 계산대에서 손님들을 맞고 있는 점원은 손님들을 사랑하지는 않을지도 모른다. 그 점원은 손님들에게 아무런 관심도 없다. 손님들 역시 그녀에게 관심을 두지 않는다. 그 행동은 단지 업무일 뿐이다.

하나님의 계획이 무엇이든지 간에, 우리는 타락한 세상에서, 우리의 일까지도 저주받은 세상에서 살아가고 있다(창 3:17-19). 우리가 죄로 가득하다는 것은 일반적으로 우리가 사랑이 없다는 것이 아니라, 자기중심적이라는 의미이다. 우리가 죄로 가득함에도 불구하고, 우리는 자신의 의지와는 상관없이 다른 사람들을 섬기고 돕는다. 그것은 우리 자신의 능력이 아니라, 우리의 소명 안에서 하나님이 발휘하시는 능력 때문이다. 빙그렌은 결혼 생활에서 나타나는 현상을 이렇게 설명한다.

인간은 자기 고집이 강하기 때문에 무슨 일이 발생하든지 자신에게 유리하기를 갈망한다. 남편과 아내는 결혼 생활에서 서로를 섬기고 또한 자녀들을 섬긴다. 매일 매시의 이러한 섬김은 가슴으로부터의 자발성 혹은 흔들리지 않는 사랑으로 인해서가 아니다. 오히려 결혼이라는 한 제도 안에서 무엇인가가 남편에게는 산출을 위한 이기적인 갈망을 강요하고, 마찬가지로 아내의 마음에도 자기중심적으로 살아가도록 강요를 한다. 결혼 생활을 가능하게 하는 것은 배우자와 자녀에게 자기를 줄 것을 강요하는 힘이다. 그러므로 결혼 생활은 윤리의 대사가 머무는 곳이기도 하다. 이 세상에서 법을 통해 활동하시는 분은 하나님이시기 때문이다.

어쩌면 좀더 강력한 예는 젊은 부부가 부모가 되었을 때의 상황이다. 결혼 생활을 통해 자기중심적이었던 태도가 어느 정도 부드러워졌던 남편과 아내가 갑자기 아이가 태어나면 강렬하고 자발적인 사랑으로 그들 자신의 필요는 희생하고, 전력을 다해 자녀에게 헌신한다. 부모로서의 소명이 이러한 사랑을 부르는 것이다.

혹은 큰 기업체의 경영주를 생각해 보라. 만약 그 사람이 단지 자신의 이익만을 생각하고 고객이나 직원들에 관해서 아무런 배려도 하지 않는다면, 그 사람은 사악하고 타락하여, 하나님의 심판의 대상이 된다. 그러기에 자신에게 돌아올 이익이 감소할지라도, 고객에게 유익을 주는 상품 혹은 서비스를 제공해야 한다. 그렇게 하지 않는다면, 그 사람은 사업을 계속할 수 없다. 또한 그 사람은 자신의 일을 시키기 위해 사람들을 고용했음으로, 그 사람들이 생활할 수 있도록 해주고, 그들의 가족을 위해 지원을 해야 한다. 그 사람이 죄인임에도 불구하고, 하나님은 그 사람의 소명 안에서 그 사람을 사용하신다. 하나님 자신의 사랑의 목적을 위해서이다.

그리스도인들에게, 이웃의 사랑은 의식적으로 느낄 수 있는 것이 되었고, 신앙은 사랑 안에서 활동한다. 우리는 자신의 소명을 수행하며, 혹은 소명에 거스르는 죄를 짓지만, 우리는 그리스도 안에서 성장하면서 우리 앞에 놓여 있는 일상의 일들은, 사랑에 의해 동기를 부여받고, 그것이 실현될 수 있다.

일터에서, 가정에서, 사회에서, 교회에서 우리에게 주어진 각각의 소명에 대해, 우리는 차례차례 살펴보아야 한다. 지금은 그 모두에 생명을 불어넣는 목적을 기억해야 한다. 만약 소명의 목적이 우리 이웃을 섬기고 사랑하는 것이라면, 우리는 각각의 소명을 위해, 율법학자들이 예수님에게 물어보았던 바로 그 질문을 해보아야 한다. "나의 이웃은 누구입니까?", "제가 이 책임을 맡게 되면,

제가 사랑하고 섬겨야 할 사람은 누구입니까?"

일터에서, 사랑을 받고 섬김을 받아야 하는 이웃은 고객이다. 사장이 섬기고 사랑해야 할 이웃은, 자신의 휘하에서 일하는 직원들이다. 이번에는 직원들의 입장에서 살펴보자. 그들은 사장을 사랑하고 섬겨야 한다. 교사는 학생들을 사랑하고 섬겨야 하며, 예술가들은 그들의 관객과 청중을 사랑하고 섬겨야 한다.

가정에서, 아내의 이웃은 남편이고, 남편의 이웃은 아내이다. 그것은 아내는 남편을, 남편은 아내를 사랑하고 섬겨야 한다는 의미이다. 부모가 사랑하고 섬겨야 하는 이웃은 그들의 자녀들이다. 반대로 자녀들이 사랑하고 섬겨야 하는 이웃은 그들의 부모이다.

정부에서, 지배자들이 사랑하고 섬겨야 하는 이웃은 피지배자들인 국민이다. 반대로 국민은 지도자를 사랑하고 섬겨야 한다. 또한 시민과 지배자는 범죄 혹은 불의에 의해 압박받는 사람들 혹은 피해자들을 포함하는 동료 시민들을 사랑하고 섬겨야 한다. 교회에서는 목회자와 믿는 모든 성도들은 서로를 사랑하고 섬겨야 한다.

이 모든 점에 관해서는 나중에 상세히 설명할 것이다. 다만 여기에서는, 사랑 그리고 섬김과는 달리, 소명에서 가장 두드러지는 특징은 권세가 아니라는 점이다. 자신의 소명에 의해, 다른 사람에게 영향을 끼치는 사람들은 기본적으로 자신이 책임진 사람들을 사랑하고 섬겨야만 한다는 의무를 가진다. 권력자는 통치를 받는 사람들의 평안과 행복을 위한 일이라는 의무를 행하지 않고, 그저 기다리기만 하면 존경과 영광을 받게 되는 그런 소명은 없다. 이것은 부모, 배우자, 목사, 대통령에게도 마찬가지로 적용된다.

이웃 안에 계신 그리스도

하나님은 소명 속에 숨어 계신다. 하나님은 이웃 사람들 안에 숨어 계신다는 것도 진실이다.

예수님은 하나님의 최후의 심판을 설명하시며, 하나님이 굶주리고, 목마르고, 길잃고, 헐벗고, 감옥에 갇혔을 때, 그들이 행한 일들을 보여 주시며 양과 염소 모두에게 놀라움을 안겨 주신다. 그 모든 것이 명확하게 밝혀진다. "너희가 여기 내 형제 중에 지극히 작은 자 하나에게 한 것이 곧 내게 한 것이니라"(마 25:40).

그렇다. 그리스도는 우리 이웃에, 특히 도움을 필요로

하는 이웃 안에 숨어 계신다. 그리스도인들이 그들의 이웃을 사랑하도록 동기가 되어 주는 것은, 그들 안에 계신 그리스도를 만나는 것이다. 어떤 이웃은 그리 사랑할 만한 사람이 아닐지도 모른다. 그러나 그리스도께서는 그 사람들을 사랑하시고, 그들을 위해 죽으셨다. 그리고 그들이 그리스도인이라면, 그리스도께서는 우리가 그들과 함께하는 성령을 통해 그들 안에 거하신다. 그런데도 어떻게 우리가 그들을 사랑하지 않을 수 있는가?

그리고 이것은 분명히 소명에도 적용이 된다. 굶주린 사람들을 먹이는 농부와 그밖에 관련된 다른 사람들은 예수 그리스도께 먹을 것을 주는 것이다. 자신의 아기에게 옷을 입히는 엄마는 그리스도께 옷을 입히는 것이다. 양로원의 봉사자들은 그리스도를 보살피는 것이다. 고용주와 고용인, 남편과 아내, 지배자와 피지배자, 목회자와 성도, 우리의 소명 안에서 모든 이웃들은 서로의 안에 계신 그리스도를 보게 된다.

그리스도께서는 우리가 다른 사람들을 위하여 한 행동을, 마치 우리가 그리스도를 위하여 한 것처럼 받아들이신다. 우리가 이웃을 사랑하고 섬긴 것이, 결국에는 우리가 하나님을 사랑하고 섬긴 것으로 판명되는 것이다.

당신의 소명을 찾아라

그렇다면 나의 소명은 무엇인가? 나는 어떻게 소명을 찾을 수 있는가? 혹은 자기 개발 서적들이 표현하는 것처럼 어떻게 나에게 적합한 소명을 찾을 수 있을까? 오늘날의 아이들은 말을 배우기 시작하자마자 이런 질문을 받는다. "너는 커서 어떤 사람이 될래?" 대학에 진학할 때쯤 되면, 입학 원서에서 전공을 선택하도록 강요한다. 자신에게 적합한 직업을 찾도록 도움을 주는 책들도 많고, 또 그 자체가 매우 중요한 일이 되었다.

이 문제에 대한 기독교 소명의 원리에 따른 접근은 전혀 다른 방식이다. "나는 어떤 직업을 선택해야만 할까?"

대신에, "하나님은 어떤 일을 하라고 나를 부르셨을까?"로 접근한다. 그리스도인의 소명은 자신을 위해 무엇을 선택하는 것이 아니라 우리에게 하라고 불러 주신 일, 그 일이 바로 우리의 소명이다.

다양한 소명

우리의 소명은 단 한 가지의 일이 아니다. 이미 논의했던 바와 같이, 우리는 일터만이 아니라, 가정, 사회, 교회 등 각기 다른 영역에서 소명을 받았다. 정년 퇴직한 사람이라면 더 이상 직장에 출근하지 않을지도 모른다. 그러나 그 사람에게는 할아버지로서, 시민의 한 사람으로서, 어쩌면 교회의 장로로서 추구해야 할 소명을 가질 수도 있다. 어떤 사람들은 직장 혹은 일터가 아닌 다른 곳에서 소명을 찾기도 한다. 아이들을 키우는 일에 전념하기 위해 직장 생활을 그만둔 여성, 일에 매달리지 않아도 살아가는 데 아무런 문제가 없어 자선 활동에 헌신하는 부유한 사람, 그리스도인으로서 기도에만 몰두하는 노인 등이 그런 사람들이다.

더 나아가, 어떤 사람은 여러 형태의 소명 안에서 여러 가지 소명을 가질 수 있다.

가정에서, 여성은 아내로서의 소명을 가진다. 그 자체만으로도 한 가지 소명이다. 그러나 그 여성은 어머니로서의 소명도 가지게 될 수 있다. 그 소명은 또다른 관계에서의 또다른 임무를 포함한다. 그 여성은 딸로서의 소명도 가졌는지 모른다. 그 소명은 성인이 된다고 해서 끝나는 것이 아니라, 부모가 돌아가신 다음에야 끝난다. 그 여성은 외할머니로서의 소명을 가질 수도 있다. 그리고 대가족 내에서 형제자매와의 관계도 있다. 이 모든 것은 하나님으로부터의 거룩하신 소명이고, 선물이다.

직장에서, 중간 관리 혹은 상점의 지배인은, 그의 관리를 받는 사람들에게는 '주인master'일 수 있다. 그와 동시에 그 사람은 사장의 '하인'이라고 할 수도 있다. 이 두 가지 관계 모두 각기 다른 의무와 섬김을 수반한다. 기업의 최고 경영자, 모든 직원들의 '주인'인 CEO라고 할지라도, 그 사람은 이사회 혹은 주주들의 '하인'이라고 할 수 있다.

정부 조직 내에서, 단체장은 우리 시민들이 따라야만 하는 큰 권력을 행사할 수 있다. 그러나 그 단체장은 다시 선거를 치를 때는 우리 시민의 뜻에 복종해야 한다. 그러므로 민주 공화국에서 시민은 복종해야 하는 사람일 뿐만 아니라, 궁극적인 지배자이다.

교회에는 나름대로 여러 가지 조직이 있다. 그러나 일반적으로 성도는 성가대, 재정 관리, 각 위원회, 주일학교 교사, 각종 사역팀, 방송 담당, 식당 봉사, 안내, 청소 등 평범하며 드러나지 않는 일 같아 보이지만 전체 교회를 위해서는 매우 중요한 일이다. 이처럼 교회에는 봉사할 수 있는 다양한 기회가 있다.

소명의 또다른 측면은, 변한다는 것이다. 패스트푸드점에서 아르바이트를 하는 대학생의 경우를 생각해 보자. 현재는 그 일이 그의 소명이다. 그는 주방에서 햄버거를 뒤집으며 고객을 사랑하고, 지배인을 섬겨야만 한다. 학교로 돌아가면 학생으로서의 소명도 가지게 된다. 학생은 그 나름대로의 의무를 가지는데, 그것은 물론 공부이다! 마침내 그 학생이 컴퓨터 관련 학위를 취득하며 대학을 졸업하고, 취업했다고 가정하자. 그가 처음 하게 된 일이 그의 소명이다. 그러나 만일 그가 다니던 벤처 기업이 도산하고, 그는 생활을 꾸려나가기 위해 다시 햄버거를 굽는 일로 돌아갔다고 가정하자. 이제 그는 다시 새로운 소명을 가지게 되었다. 그의 인생의 각 단계에서의 소명은,

그가 졸업할 때까지, 혹은 그가 높은 지위에 오를 때까지 기다려 주지 않는다. 소명은 지금 여기에 있는 것이다.

그리고 우리의 소명이 무엇이든 간에, 그 일이 진행되며(그 일이 한 사람을 높은 지위에서 낮게 떨어뜨리든, 지위가 낮은 데에서 높은 자리로 올라가든) 소명은 변할 수 있다. 그리고 그 소명의 변함에 따라(한 사람의 인생이 부유함에서 가난함으로 혹은 가난함에서 부유함으로 변하든지 간에) 우리의 소명은 완전히 우리가 조정할 수 있는 것이 아니다. 하나님께로부터 나오기 때문이다.

> "여호와는 가난하게도 하시고 부하게도 하시며 낮추기도 하시고 높이기도 하시는도다 가난한 자를 진토에서 일으키시며 빈궁한 자를 거름더미에서 올리사 귀족들과 함께 앉게 하시며 영광의 자리를 차지하게 하시는도다 땅의 기둥들은 여호와의 것이라 여호와께서 세계를 그것들 위에 세우셨도다"(삼상 2:7-8)

이 세상에는 나름대로의 방식이 있지만, 그 지위 게임과 승진 사다리, 좋은 일과 나쁜 일, 큰 부와 최저 생계비 등의 구분이 있지만, 하나님이 보시기에 그 모든 소명의 지위는 똑같다. 큰 부의 축복을 받은 사람은 감히 다른 사람들보다 우월하다고 뽐낼 수 없고, 자기보다 덜 가진 사람을 경멸할 수 없다. 신분이 높은 사람들에게는 그들 나름대로의 책임이 있고, 자신의 이웃을 사랑하고 섬기기 위한 독특한 재능이 있다. 가난한 사람들은 하나님으로부터 그들 나름대로의 상을 받는다. 그리고 가끔 하나님께서는 그들의 지위를 교환해 주시며 기뻐하신다.

당신에게는 선택의 여지가 없다

소명 원리의 한 측면은 모든 자기개발 서적, 자기개발 세미나, '당신의 계획'에 관한 모든 대화, 괴로운 결정 과정 등을 공공연하게 무시한다. 당신이 속해 있는 문화권에서는 어떤 식으로 믿게 하든지 간에, 소명은 자신이 선택하는 문제가 아니다. 다르게 말하면 우리는 자신의 소명을 선택할 수 없다. 우리는 각각의 소명으로 부르심을 받는 것이다. 거기에는 커다란 차이가 있다.

하나님이 우리를 이 세상으로 보내기 위해 사용하시는 가정에서의 우리의 기본적인 소명은 명확하다. 우리는 자신의 부모를 선택하지 않았다. 우리의 형제자매를 선택하지 않았다. 또한 우리의 부모도, 실제로는 우리를 선택하지 않았다. 어쩌면 그들이 양자를 삼아 키우기로 선택할 수도 있다. 엄밀히 말해 우리를 선택한 것이 아니다. (나는 유전자 공학을 통해 '계획된 아기'의 출현이 현실이 된다 해도, 부모는 자녀의 품성을 그들이 통제할 수 없다는 것을 깨달았을 때, 몹시 실망할 것이다.) 결혼에 있어서 한 쌍의 남녀는 실제로 결혼하기로 결정할 수도 있다. 그러나 그것은 매우 폭넓은 선택의 범위 내에서 배우자를 선별하는 문제일 뿐만 아니라 그것은 선택받는 문제이기도 하다. 그 남자가 그 여자를 선택했다고 하지만, 그것은 그 여자가 그 남자를 선택한 것이기도 하다. 달리 말해 부르심을 받는 것이다.

또한 우리는 어느 나라에 태어날 것인지 미리 선택하지도 않았다. 이민으로 자신의 국적을 바꿀 수는 있다. 그래도 그 사람이 속한 사회, 그 사람의 정체성을 키워 주는 문화는 오히려 주어진 것이다.

교회 안에서 우리의 소명도, 우리 맘대로 선택할 수 있는 문제가 아니다. 많은 사람들은 어떤 특정한 교회의 직분을 소명으로 받았다고 주장하는 것이 자기를 위한 신학 노선을 선택하는 것보다도 신뢰가 덜 간다고 느낀다. 그러나 사무엘 존슨Samuel Johnson이 말했듯이, 교회 안에서 당신이 영적으로 성장하는 것은 하나님이 당신을 그 교회로 인도하심에서 시작된다. 그리스도인들은 자신이 다니던 교회에서 가르치는 것을 믿지 않았다거나 혹은 다른 신학적 전통이 하나님의 말씀에 더 충실하다고 믿었다면 다른 교회로 나갔을 것이다. 이것은 틀림없는 현실이다. 하지만 믿음의 공동체인 교회가 자신의 갈망과 일치하기를 기대하며, 좋은 상품을 선택하려는 소비자처럼, 교회를 선택하려는 태도는 좋지 않다.

깊은 수준에서는, 어떤 신학이 그리스도인이 되는 데 대한 은혜와 자유 의지에 관해 어떻게 가르치든 간에, 개종改宗이 단순한 자유 의지의 문제가 아닌 것은 분명하다.

"영접하는 자 곧 그 이름을 믿는 자들에게는 하나님의 자녀가 되는 권세를 주셨으니 이는 혈통으로나 육정으로나 사람의 뜻으로 나지 아니하고 오직 하나님께로부터 난 자들이니라"(요 1:12-13). 나아가 성경은 믿음으로 부르심을 받은 사람들에 대해서도 말씀하셨다. "… 부르신 그들을 또한 의롭다 하시고 …"(롬 8:30).

그러나 취업 문제에 부딪히면, 우리는 분명히 자신이 어떤 유형의 일에 뛰어들 것인지를 선택한다. 우리가 어렸을 때 사람들은 항상 우리에게 묻는다. "너는 커서 어떤 사람이 될 거니?" 그때부터 이미 우리들은 '어떤 사람'이 될 것인지를 한동안 골똘히 생각해 본 다음, 어떤 때는 '소방관'이 되고 싶다고 또 어떤 때는 '수의사'가 되고 싶다고 대답한다. 고등학교를 졸업할 때쯤에서 우리는 자신의 인생에 관해 충분한 정보에 근거해 결정할 수 있도록 다양한 직업의 급여 수준, 근무 조건, 취업 가능성 등의 정보가 기재된 서류를 받아본다. 대학에서는 입학원서를 작성할 때부터 전공을 선택하고, 그때부터 우리가 선택한 길에서 인생을 출범시킨다.

우리는 우리 자신이 평생 직업을 선택함에도 불구하고 궁극적인 점에서 본다면, 이 모든 선택은 자기가 하는 것은 아니다. 진정으로 내가 원하는 존재를 선택할 수 있었다면, 나는 '메이저리그 야구 선수'와 같은 직업으로 결정했을 것이다. 그러나 내가 아무리 그런 부류의 직업을 갈망하고, 내가 아무리 마음을 굳게 먹고 그 직업을 선택했을지라도, 나는 절대로 메이저리그 야구 선수 명단에 등록될 수 없었을 것이다. 나에게는 그런 선수가 될 만한 재능도 능력도 없다. 내가 아무리 강렬하게 원한다 할지라도, 나는 그 뛰어난 선수들처럼 치고 달리고 잡을 수 없다. 그런 나를 어느 팀에서 스카우트하겠는가? 야구 선수는 내 소명이 아닌 것이 분명했다.

어렸을 때 나는 비행기를 몹시 좋아했다. 그래서 학교를 다니며 성장하는 동안, "커서 어떤 사람이 되고 싶니?"라는 질문을 받으면, '항공 기술자'가 되고 싶다고 말했다. 그러나 점점 그런 인물이 되기 위해서는, 모형 비행기 제작 그 이상의 능력이 필요하다는 것을 깨닫게 되었다. 수학과 물리학에도 뛰어나야만 했다. 하지만 나는 수학과 물리학은 생각만 해도 머리가 아파옴을 느끼는 그런 인물이었다. 그러므로 내가 그 일을 평생 직업으로 선택할 수는 없었다.

"너는 어떤 사람이 되고 싶니?" 이것은 참으로 좋은 질문이다. 그러나 현재의 당신은 많은 점에서 정해진 그대로이다. 당신이 원하는 것(당신의 꿈, 갈망, 선택)까지도 현재 당신의 역할에 따른 것이다.

다시 말해, 하나님은 당신의 가정과 속해 있는 문화권을 통해 현재의 당신이 되게 하셨다. 소명 원리는 개성이라는 신비로움과 관련될 수밖에 없다. 하나님은 어떻게 각각의 인간을 모두 다르게 창조하시고, 각 사람에게 인생의 각 단계에서 독특한 소명을 주셨을까? 그러므로 당신은 스스로도 하나님의 선물임을 아는 독특한 재능을 가졌다. 당신은 다른 사람들이 갖고 있지 않은 나름대로의 관심 사항과 좋아하는 것과 싫어하는 것과 같은 특별한 개성을 가지고 있다. 하나님의 창조는 너무도 완전하기 때문에, 사람을 비롯해서 눈송이, 나뭇잎 등 하나님이 창조하신 모든 것은 정말로 똑같은 것이 하나도 없다. 소명도 그와 마찬가지여서 가정에서, 일터에서, 교회에서, 국가에서 어떤 한 사람과 똑같은 지위를 차지하는 사람은 없다. 그러므로 당신의 소명을 찾을 때는 부분적으로는 하나님이 주신 재능(당신은 무엇을 잘할 수 있는가) 그리고 당신의 개성(현재의 당신에게 맞는 것)을 고려해야 한다.

어느 대학생은 공인회계사가 수요도 많고 수입도 좋다는 자료를 읽고서 공인회계사가 되기로 결심할 수 있다. 그러나 만약 그가 수학에 뛰어나지 못하다면 그는 공인회계사가 되기 위한 과정에서 실패할 수 있다. 그것은 공인회계사가 되는 것이 그의 소명이 아니라는 명확한 증거이다. 혹은 그가 수학에 뛰어나고, 공인회계사 자격시험을 통과했더라도, 만약 그가 그 일을 싫어하고, 회계 장부를 들여다볼 때면 비참함을 느끼기까지 한다면, 그가 유능한 공인회계사가 될 가능성은 크지 않다. 어쩌면 그것은 그의 소명이 아닐지도 모른다.

동료 대학 교수 한 사람이 교과 과정을 따라오지 못하던 예전에 가르치던 어느 학생에 관한 이야기를 해주었다. 그 학생은 굳은 결심을 하고 새로운 각오로 낙제했던 과목에 재수강 신청을 하고, 주야로 열심히 공부를 했다. 그러다가 마침내 기진맥진해, 한 학기 휴학해야 한다는 것을 깨달았다. 그래서 임시직이지만 자신이 진정으로 좋아하는 일인 자동차 정비를 시작했다. 그는 자동차 정비사로서 그가 일하던 정비회사에서 최고 기술자의 지위에까지 올랐고, 돈도 점점 더 많이 벌게 되었다. 그는 이제 학교로 돌아가야 한다고 느꼈다. 하지만 정비사로의 일을 그만둘 수는 없었다. 그는 교수를 찾아가 변명을 했지만 그럴 필요가 없었다. 이제 그는 자신의 진정한 소명을 찾았던 것이다.

선택을 강조하는 문화에서, 사람들은 의지력이 '자기 자신의 가치'까지도 선택한다고 상상할 수 있는 수준까지 의지력을 높인다. 낙태 수술과 아기를 가지는 문제에 이르게 되면, 즉 의사의 손을 빌려 죽일 것인지 살릴 것인지 결정해야만 하는 문제에 이르면, 그 각각의 행동은 '선택' 이전에 도덕성을 고려해야 한다. 사람들은 자기 자신의 믿음을 선택한다. 그리고 그 선택이 무엇이든지 간에, 그 사람을 위해서는 '옳은 선택'이라고 믿는다. 더 좋은 방향으로 혹은 명확한 진리로 다른 사람을 설득하려는 노력은, 다른 사람에게 당신의 선택 혹은 당신의 뜻을 강요하는 것이기에, 불쾌할 수 있다(당신에게는 다른 사람에게 자신의 관점을 강요할 권리는 없다). 그러나 지성적인 믿음의 근거는 지성이지 의지가 아니다. 도덕성은 인간의 갈망이 아니라, 도덕적인 절대성을 가져야 한다. 의지가 약해지면 좋은 지도자가 되지 못한다는 점을 그리스도인들은 잘 알고 있다.

우리가 선택하지 않는다고 얘기하는 것은 아니다. 소명을 찾는 과정에서도 어느 학문을 전공해야 할지 혹은 어떤 직업을 선택해야 할 것인지를 선택해야 하는 것처럼, 결정해야만 하는 고통을 많이 겪게 된다. 그것은 "이 교회에서 함께 신앙 생활을 해야만 할까", "누구에게 투표해야 할까?", "그 사람과 결혼하는 것이 좋을까?" 등의 다른 소명적 선택의 경우에도 마찬가지이다. 그러나 돌아보면, 우리의 선택은 그 자체가 하나님의 원대한 계획을 이루는 일부분이었음을 명확히 깨닫게 된다. 솔로몬은 말한다. "사람이 마음으로 자기의 길을 계획할지라도 그의 걸음을 인도하시는 이는 여호와시니라"(잠 16:9). 우리가 지금 여기서 계획을 세우지만 우리의 인생과 환경에서 가운데서 일하시는 하나님께서 당신의 목적을 위해 우리를 부르셨다는 확신이 있어야 그렇게 할 수 있다.

우리의 통제를 벗어남

소명은 부분적으로는 하나님이 우리에게 주신 은사이다. 그러나 우리는 오직 자신만을 들여다보아서는 우리의 소명이 무엇인지 알 수 없다. 우리의 선택은 우리 외부에서 주어진 조건에 의해 제한된다. 상황 역시 전적으로 우리가 조정할 수 있는 것은 아니다. 그러나 하나님은 그 모두를 통제할 수 있다. 믿지 않는 사람들이 그들로서는 어찌 할 수 없는 무의미한 세상에 매여 살고 있지만 그리스도인들은 자신감을 가지고 살아 간다. 왜냐하면 "하나님을 사랑하는 자 곧 그의 뜻대로 부르심을 입은 자들에게는 모든 것이 합력하여 선을 이루느니라"(롬 8:28)라는 말씀을 알기 때문이다. 이 약속이 소명(부르심을 받음)과 우리 자신의 목적이 아니라, 하나님의 목적에 연결되어 있음에 주목해야 한다.

누군가 우리를 부를 때면(전화로라도), 우리는 그것이 우리 내면의 소리가 아님을 알고 있다. 우리를 부르며 우리가 시선을 집중해 줄 것을 원하는 다른 사람의 목소리이다. 소명은 외부에서 오며, 상황과 기회에 연관되어 있으며, 우리 앞에서 문이 열리기도 하고 닫히기도 한다. 하나님은 매개체를 통해 일하시기 때문에, 가끔은 다른 사람들과 그들의 소명을 통해 부르시고 사역을 펼쳐 나가신다. 우리의 소명은 우리 외부로부터 찾아온다.

상황은 우리의 통제를 넘어선다. 그러나 어떤 상황은 우리를 한 가지 소명으로부터 하나님이 우리에게 주시는 소명을 이끌어 낼 수도 있다. 나는 대학 생활을 중도에서 포기해야만 했던 학생들을 많이 알고 있다. 그런 학생들 중에는 학업을 계속하기를 원하는 학생들도 있었지만 돈 문제, 가족의 긴급 상황, 건강 문제, 결혼, 임신 등 그들의 인생 계획을 망쳐놓는 여러 가지 상황으로 인해 어쩔 수 없이 중도에 포기해야 했다. 몇몇 학생의 경우에는 한두 학기를 휴학한 다음 다시 학교로 돌아오기도 했지만, 몇몇 학생들은 학업을 마칠 수 없었다. 그들은 결국 다른 일을 하게 되었고, 그들은 새로운 인생의 길로 들어섰다. 어떤 학생은 그런 상황을 한탄하기도 하고, 변화시키려 노력해 보기도 하고, 또 다음 기회를 기다리기도 했다. 그러나 영원이라는 큰 안목에서 바라본다면 이러한 현상은 하나님의 계획의 한 부분으로 보여질 수도 있다. 그 학생들은 자신이 원래 의도했던 길을 가지 못한다. 오히려 다른 무엇인가에 의해 하나님이 원하시는 그들의 자리로 부르심을 받는 것이다.

하나님은 매개체를 통하여 일하시기 때문에 우리는 다른 사람들을 매개체로 사용하셔서, 다른 사람들의 소명을 통하여 우리의 소명(부르심)을 기대할 수 있다. 나는 어떤 특정한 일을 하기에 적절한 능력도 가졌고, 성격도 그 일에 어느 정도 맞는다. 하지만 먼저 고용되어야 한다. 어쩌면 내 소명은 고용주를 통하여(엡 6:5-9절에 나타나는 주인 master을 통하여) 나에게 주어질 수도 있다. 만약 내가 특정한 분야에서의 일을 아직 잡지 못하였다면, 어쩌면 그 일은 나의 소명이 아닐 수도 있다. 가끔은 몇 가지 일자리를 제공받고 그 중에서 한 가지를 선택하느라 고민하며 괴로워할 수도 있다. 그러나 이 세상의 많은 일들 중에 무슨 일이든지 선택할 수 있는 것처럼, 완전히 자유롭게 선택할 수 있는 일은 없다. 오히려 먼저 입사원서를 작성해야 한다. 그리고 채용 담당자가 누구이든 간에, 입사원서에 기록된 자격과 능력을 근거로 채용 여부를 결정한다. 그리고 제공된 일자리를 구직자가 받아들이면 계약서에 서명하거나 혹은 악수를 하게 된다. 그렇게 해서 신청자는 새로운 책임과 섬김, 전능하신 하나님이 주신 소명에 들어서게 된다.

어떤 사람이 변호사가 되기를 원한다. 그러나 그 사람은 법대에 입학하지 못했다. 그렇다면 그 사람은 변호사가 되기가 어렵다. 이와 같이 우리의 소명은 대학 입학 사정 위원회, 의사 선발 위원회, 입사 심사위원들, 관리 제도, 혹은 결혼하려는 나의 사랑하는 사람들 등과 같은 다른 사람들의 손에 달려있다.

다시 말하지만, 우리의 갈망과 성향이 우리의 인품을 이루는 일부분과 소명에 맞는 모습이 될 수 있지만, 우리 내면의 느낌만 가진다고 해서 우리에게 특정한 소명을 가질 수 있는 자격이 부여되지는 않는다. "나는 경찰관이 되고 싶어." 이러한 얘기가 "나는 경찰관이야"를 의미하지 않는다. 경찰 공무원 시험에 합격하고, 자격 요건을 충족시키고, 임명되기 전까지는 그 사람에게 체포 권한이 주어지지 않는다. 또한 나는 "경찰관이 되고 싶어"라는 얘기가 "당신은 나를 경찰대학교에 입학시켜 주어야만 해"라는 말을 의미하지도 않는다.

오늘날 교회에서 일고 있는 주요 논쟁은, 여성도 목사가 될 수 있느냐는 점이다. 교회를 이끄는 목사가 된다는 것은 나중에 살펴보겠지만 하나님으로부터 부여받은 매우 특별한 소명이다. 각 교단은 성경에 대한 이해를 달리하고, 각기 다른 정책을 펼치기 때문에 목사들에 대한 요구 사항도 다르다. 그래서 어떤 교단에서는 여성이 목사가 되는 것을 허용하지만 어떤 교단에서는 불허한다. 그러나 그러한 논쟁에서 보편적으로 범하는 오류는 소명이 어디에서 오는가에 관한 혼란이다. 어떤 여성들은 하나님으로부터 부르심을 받았기에 그들은 목사가 되어야 한다는 입장을 고수한다. 그들은 목사로서 필요한 영적인 은사를 받았다. 설교를 하고 성도들을 섬길 갈망을 가졌다. 그러므로 가끔 그들은, 교단이 그들을 목사로 임명하지 않는다면 교단의 정책은 하나님으로부터의 소명에 반反하는 것이라고도 얘기한다.

그러나 소명은 외부에서 온다. 교회에서 목사는 교인에 의해 소명을 받게 된다. 즉 그 성스러운 소명은 교회 전체의 노력을 통해 그들에게 주어진다. 그것은 교단이 그들을 선발하고, 훈련시키고, 목사로 임명한다는 의미이다. 어떤 여성이 '목사가 되라는 소명'을 받았다고 느낀다. 그러나 어떤 교회에서 목사를 청빙하는 사람들이 여성을 청빙하지 않는다면 그것은 불가능한 일이다. 그 여성은 자신을 부르지 않은 교회에서 소명을 받은 존재가 될 수 없다.

이와 비슷하게 세상에서 우리의 소명도 '하나님이 다른 사람들을 통하여, 인생의 평범한 상황을 통하여, 우리를 어떻게 부르셨는가' 라는 점에 주의를 기울여야 한다. 하나님은 당신의 크신 목적에 따른 필요에 정확히 맞추어 예비된 소명으로 우리를 부르신다. 그러므로 우리는 하나님의 소명이 우리가 원하던 바로 그것일 것이라고 예상해서는 안 된다. 또한 그 소명은 전혀 화려한 것이 아닐 수도 있다. 사회적 지위, 세상적인 칭찬이 하나님께는 아무런 의미가 없다. 그러므로 우리는 하나님께서 우리에게 어떤 소명을 맡기실 때 그러한 점을 고려하시리라고 기대할 수는 없다. "여호와는 … 낮추기도 하시고 높이기도 하시는도다"(삼상 2:7). 어떤 때는 하나님께서 큰 인물에게 수치를 안기시기도 하고, 야심만만한 대학생에게 꼭 필요한 쓰레기 치우는 일을 시키시기도 한다. 어떤 때는 교육도 제대로 받지 못한 농장 소년을 대기업을 소유한 대부호가 되도록 해주시기도 한다. 우리는 공부하고, 일하고,

계획하고, 실행해야 하지만, 우리가 무엇을 가지게 되든지, 어떤 지위에 오르게 되든지, 우리는 전적으로 하나님께 의존해야 한다.

지금 여기에서의 소명

우리는 '자신의 소명 찾기'를 논의하고 있지만 그러한 노력이 오해를 불러일으킬 수도 있다. 우리는 자신의 소명을 선택하지 않을 뿐만이 아니라, 엄밀히 말하면, 마치 미래에 놓여 있는 미지의 무엇인가를 찾는 것처럼, 우리의 소명을 찾는 것이 아니다. 오히려 우리의 소명은 지금 우리가 있는 곳, 그리고 지금 우리가 하는 일, 바로 그 안에 있다.

인생을 살아가는 우리는 분명히 각기 다른 소명을 가진다. 그리고 우리는 어떤 미래의 목표를 위해 준비하고 있다. 그러나 그러한 과정에서 생기는 여러 가지 관계, 의무, 그리고 하나님이 우리 각자에게 지금 이 순간 주신 매일 하는 일을 미천하게 생각해서는 안 된다. 그것은 바로 주님께로부터 온 신성하고 거룩한 소명이기 때문이다.

한 대학생이 공인회계사가 되기 위해 노력하고 있다.

하지만 지금 그는 패스트푸드 음식점의 주방에서 아르바이트를 하며 대학에 다니고 있다. 이 음식점의 주방에서 그는 주문을 받고 햄버거를 준비해서 창구를 통해 건네준다. 이것은 지금 이 순간의 그의 소명이다. 하나님은 당신의 백성들에게 일용할 양식을 주기 위해 그 사람을 사용하신다. 그의 입장에서 생각해 보면 그는 자신의 일을 통해 이웃 사람을 섬기는 것이다. 나중에 그는 수입도 더 좋고 그의 재능도 더 많이 활용할 수 있는 다른 소명을 가지게 될지도 모른다. 그러나 이 일은 지금 이 순간의 그의 일상적인 섬김이다.

학생에게는 물론 또다른 소명이 있다. 학생으로서 그에게 주어진 의무는 강의를 듣고 공부하며 학업을 마치는 것이다. 동료 학생들과 함께 교수의 지도를 받으며 공부하는 것은 그에 대한 보답이 꼭 보장되는 것은 아니지만, 학생에게 주어진 소명이다. 실직자, 생활이 넉넉한 부자, 정년 퇴직한 사람들도 그들의 이웃을 섬기는 방법을 찾을 수 있다. 직업을 가지지 못한 사람이라 할지라도, 독신이고 자녀가 없는 사람이라 할지라도 가족의 일원이다. 일반적으로는 부모(생존시) 혹은 친척이 있다. 혹은 사촌 등 대가족의 범위에서 본다면 친척이 있다. 그들에게는 국가가 있고, 시민으로서 나름대로의 소명이 있다. 만약 그리스도인이라면 교회가 있다. 여기서 요점은 소명을 가지지 못한 사람들을 위해 소명을 규명하는 것이 아니다. 다만 그리스도인의 소명은 일상생활에서 자신의 역할을 다하는 점이라는 것을 강조하려는 것이다.

결혼한 사람이라면 그것이 그 사람의 소명이다. "나는 절대로 이 사람과 결혼하는 것이 아니었어." 혹은 "나는 결혼이라는 소명을 절대로 받지 않았어"라고 생각하는 것이 이혼 혹은 포기의 이유는 되지 못한다. "나름대로의 인생에 따라 결혼 생활을 하고 있는 사람이라면 그 사람은 자신의 소명을 가진 것이다."

루터는 이렇게 썼다. "이 소명이 악마에 의해, 혹은 이웃 사람, 가족, 나아가 그 자신의 약한 마음에 의해 방해받을 때, 그것에 무릎을 꿇거나 영혼이 깨어지도록 내버려두어서는 안 된다. 오히려 어려움을 만날 때마다(직분을 포기하려고 하기보다는) 먼저 하나님께 도움을 구해야 한다. … 직분에 충성하는 바로 이 과정을 통해 하나님은 우리에게 당신의 도우심에 희망을 걸고, 믿고 나갈 것을 요구하시기 때문이다." (시편 127편 해설, 빙그렌의 저서 인용)

소명에서의 어려움에 관해서는 나중에 다룰 것이다. 그

러나 그리스도인들이 충실한 존재가 되도록 부르심을 받은 것은 바로 현재임을 인식해야 한다. 이미 지나간 것에 대해서는 아무것도 할 수 없다. 미래는 오직 하나님의 손 안에 있다. 우리가 가진 것은 바로 지금이다. 오늘날 문화의 미래 지향적인 강박관념은 우리의 친절이나 선행을 나중에 하도록 밀어붙인다. 빙그렌은 "우리는 지금 이 순간에 일어난 일을 행하며 살아야 한다"고 말하며, 이어서 "그것은 현재에 존재하시며, 지금 이 순간을 통해 미래에 하실 일을 계획하시는 그 하나님께 복종하는 믿음의 삶이다"라고 지적한다.

이것은 소명이 우리가 주님을 위해 수행할 위대한 일, 언젠가는 마음에 계획한 일이 크게 성공하는 것과 같은 비범한 행동에 의해서만 수행하는 것이 아니라 평범한 영역에서 수행하는 것임을 의미한다. 설거지하기, 식료품 사오기, 일하러 가기, 아이들 태우러 가기, 이웃들과 함께 어울리기 등 가끔은 우리를 따분하게 하는 일이 무엇이든지 간에 우리가 부르심을 받은 영역이 바로 그것이고, 우리는 거기에서 사랑의 열매를 맺을 수 있다. 우리는 자신의 이웃을, 즉 이론상의 추상적인 인간애와 반대되는, 실제로 우리 주위에 있는 사람들을 사랑해야 한다. 이 이웃들은 우리가 지금 당장 가진 관계에 의해 맺어진다. 그리고 우리의 소명은 이 사람들을 통해 하나님을 섬기는 것이다.

소명 원리는 인간의 일과 관련이 있지만, 본질적으로는 하나님의 일과 우리의 인생에서 또 그것을 통해 일하시는 하나님의 방법에 관한 것이다. 우리의 소명을 찾는 것이 '우리의 평생 직업'을 찾는 것은 아니다. '하나님께서 내가 하기를 바라는 일'을 찾는 것도 아니다. 이것은 우리가 지고 가야 하는 소명적인 십자가의 한 부분일지라도, 우리의 소명을 찾는 것은 하나님이 어디 계신지, 우리 이웃 안에, 우리 자신 안에, 하나님의 세계 안에, 자신을 감추고 계신 하나님을 찾는 것이다. 일단 우리는 숨어 계신 하나님을 느끼고, 그분이 일하심(일터에서, 가정에서, 공동체에서, 교회에서)을 깨닫게 되면 우리는 하나님의 계획 안에서 자신의 역할을 알게 되고, 우리의 소명을 찾게 된다.

근로자로서의 소명

 그리스도인과 비그리스도인이 함께 동일한 일을 할 수도 있다. 겉으로 보면 그들은 정말로 똑같은 일을 한다. 그러나 믿음을 가지고 일을 하는 사람과 믿음이 없이 일을 하는 사람과는 많은 의미에서 차이가 있다.
 소명 원리는 인생에서 평범한 일을 특별한 의미가 가득한 것으로 볼 수 있도록 도와 주는 것이다. 또한 그것은 그들의 일이 그들을 구해 주는 것이 아니라, 그들의 일을 큰 안목에서 볼 수 있도록 도와 주어, 그들이 이웃을 사랑하고 섬기는 그들의 노고를 통하여 일하시는 하나님의 은혜 안에서 쉬고 있음을 깨닫게 한다.

성경에서의 일

하나님은 창조하실 때 아담과 하와에게 일을 하도록 부르셨다. 그리고 소명을 확립하셨다.

"하나님이 자기 형상 곧 하나님의 형상대로 사람을 창조하시되 남자와 여자를 창조하시고 하나님이 그들에게 복을 주시며 그들에게 이르시되 생육하고 번성하여 땅에 충만하라, 땅을 정복하라, 바다의 물고기와 하늘의 새와 땅에 움직이는 모든 생물을 다스리라 하시니라"(창1:27-28)

"생육하고 번성하라"고 그 가족에게 명하셨다. "사람이 혼자 사는 것이 좋지 아니함"과 사람에게 "돕는 배필"이 필요함을 아시고(창2:18) 여자를 만드셨다(창2:22). 하나님은 그가 가정을 이루어 살며, 후에는 공동체의 일원이 되어 사회적 존재가 되리라는 점을 확실하게 해주셨다. 또한 사람은 자연을 지배하는 권세를 부여받았다. 땅을 지배하고, 에덴동산에서 일하라는 명령은 사람들에게 일할 것을 명하신 것이다.

하나님의 형상대로 지어진 사람은 하나님의 일하심을 본받아 일하도록 되어 있었음이 분명하다. 하늘과 땅, 모든 만물을 창조하시는 것을 하나님께서 일하신다는 것으로 설명하고 있다. "하나님이 그가 하시던 일을 일곱째 날에 마치시니 그가 하시던 모든 일을 그치고 일곱째 날에 안식하시니라 하나님이 그 일곱째 날을 복되게 하사 거룩하게 하셨으니 이는 하나님이 그 창조하시며 만드시던 모든 일을 마치시고 그 날에 안식하셨음이니라"(창 2:2-3). 뒤에, 십계명에서 하나님은 창조하실 때 하나님께서 하신 일과 인간에게 하라고 명하신 일 사이의 연관을 뚜렷하게 보여 주신다. 일과 휴식 모두에서 하나님이 보이신 형식을 따르라고 명하셨다. "엿새 동안은 힘써 네 모든 일을 행할 것이나 일곱째 날은 네 하나님 여호와의 안식일인즉 너나 … 아무 일도 하지 말라 이는 엿새 동안에 나 여호와가 하늘과 땅과 바다와 그 가운데 모든 것을 만들고 일곱째 날에 쉬었음이라"(출 20:9-11).

그러므로 인간의 일은 하나님의 창조와 그분의 창조력에 참여하는 것이며, 하나님의 일의 모방이다. 만물을 지으시고, 식물을 성장시키시고, 번성하고, 다스리고, 정복하는 것이 하나님이 하신 일이다. 그럼에도 하나님은 그 일들을 사람에게 하도록 맡겨 주셨다.

그러다가 타락이 발생했다. 아담과 하와의 불순종에 따

라 나타난 결과들 중에 처음 보여진 것은 하나님께서 부르시는데 그들은 숨었다(창 3:9-10). 그리고 그들의 모든 소명은 그대로 남아 있기는 했지만 저주를 받았다.

가족을 이루라는 하나님의 계획은 남아 있었다. 그러나 최초의 인간성은 죄에 의해 손상되었다. 아담과 하와는 서로 말다툼을 벌였고, 임신의 즐거움은 그대로 남아 있었지만, 동시에 고통이기도 했다. 여자는 남편을 원하지만, 남편의 다스림을 받아야 했다(창 3:16). 그들의 장남은 동생을 죽이는 데까지 이르르며 반항했다(창 4:1-16). 그 가족만이 아니라 큰 사회를 이루며 살라는 소명도 문제가 되었다. 그 자체로써 좋기는 하지만 문명화도 죄인들에 의해 세워지는 것으로 묘사되었다. 살인자 가인은 첫 번째 성을 쌓고(창 4:17), 그의 자손 야발은 가축을 치는 자의 조상이 되었고, 유발은 수금과 퉁소를 잡는 모든 자의 조상이 되며 예술을 시작했다. 그리고 두발가인은 구리와 쇠로 여러 가지 기구를 만들며, 기술을 개발했다(창 4:18-22).

아담의 일은 그대로 남아 있었다. 생육하고 번성하여 땅에 충만하고, 땅을 정복하고, 모든 생물을 다스리라는 명령은 끝나지 않았다. 그러나 이제 그는 저주 아래서 일해야만 했다. 이제 땅은 고통스러운 일을 통해서라야 그와 그의 가족이 살아가기에 필요한 먹을 것을 내주었다. 이제 그의 일은 양식만이 아니라 가시와 엉겅퀴를 생산했다. 다시 말해 그가 한 일은 가끔 헛수고로 돌아갔다. 그가 원하지 않는 결과인 좌절과 피 흘리는 손만을 그 대가로 돌려주기도 했다. 에덴동산에서는 쉽고 즐겁기만 했던 그의 일들이 이제는 그를 기진맥진하게 만들었다. 그래도 그는 땀을 흘리며 일을 해야만 했다(창 3:17-19).

그러므로 이것이 인간의 모습이다. 일은 한편으로 축복인 동시에 저주이다. 일은 우리를 만족하게 할 수 있다. 그것이 일이 원래의 목적이기 때문이다. 그러나 그것은 우리에게 헛수고와 좌절 그리고 기진맥진함도 안겨 줄 수 있다. 일은 미덕이지만 죄에 의해 더럽혀졌기 때문이다.

그러나 그 저주와 함께 여자의 후손이 뱀의 머리를 상하게 하고 뱀은 그의 발꿈치를 상하게 할 것이라는 예언도 하셨다(창 3:15). 마리아의 아들은 십자가에서 그 발도 못 박히시지만 그로 인해 사단을 단호히 물리치시리라는 예언이다. 그리스도 안에서 우리의 구원은 우리가 행한 일과는 전혀 관련이 없고, 오직 죄가 없으신 그리스도께서 십자가의 대속의 죽으심을 통해서이다. 그리하여 그분의 일은 우리에게로 전가되는 것이다.

이것은 우리가 구원을 받을 때 우리가 행한 일은 필요가 없다는 의미이다. 우리는 그리스도 안에서 안식한다.

성경에서 일에 관하여 하신 말씀 중에서 중요한 주제는 안식Sabbath과 관련된다. 레위기의 말씀 중에 율법 아래에서는 쉬는 것을 거부하고 항상 일을 해야만 한다고 주장하는 사람에게는 죽음이 그 벌이었다.

"안식일을 기억하여 거룩히 지키라." 이 말씀은 십계명 중의 말씀으로 그 바로 다음 다음에는 살인하지 말라, 간음하지 말라, 도둑질하지 말라는 말씀이 있다. 물론, 그 계명의 중요한 뜻은 하나님께 예배드리며, 그분의 말씀을 듣는다는 것과 관련된다. 루터는 그 자체만으로도 무엇인가를 거룩하게 할 수 있다고 말했다. 그러나 구약 성경에서 안식일의 거룩함은 그날 일을 하지 않음으로써 지켜진다는 점을 명확히 하고 있다.

그리스도인들은 가끔 안식일을 엄밀하게 지키는 것에 대해 동의하지 않는다. 그것은 모든 일을 하지 말아야 된다는 의미일까? 쇼핑도 일에 포함될까? 경기를 펼치는 것도 안식일을 범하는 것일까? TV로 중계되는 스포츠 경기를 보는 것은 어떤가? 안식일에 즐거움을 누리는 것은 합법적일까? 적절히 말해서, 안식일은 율법이 아니라 복음이라는 점을 기억해야 하는 것 아닐까? 예수님은 사람들을 돕기 위해 안식일을 범하신 데 대해 비난을 받으시자, 중요한 원칙을 세워 주셨다. "안식일이 사람을 위하여 있는 것이요 사람이 안식일을 위하여 있는 것이 아니니"(막 2:27). 다시 말해 안식일은 바쁘고, 흐트러지고, 지친 사람들에게 주시는 하나님의 선물이다. 그분은 우리에게 휴식을 주셨다. 하나님과 함께, 가족과 함께, 그리고 자기 자신을 위한 시간을 보내며 인생을 재충전할 수 있는 시간을 주신 것이다.

무엇보다도 안식은 그리스도께 속해 있는 우리에게 하시는 말씀이다. 하나님은 안식일에 우리가 일하지 않음으로써 당신께 영광을 돌려주시기를 바라는 것은, 우리는 자신의 일에 의해 구원을 받는 것이 아니라는 것과 우리가 그리스도 안에서 안식을 즐긴다는 것을 상기시켜 준다. "안식할 때가 하나님의 백성에게 남아 있도다. 이미 그의 안식에 들어간 자는 하나님이 자기의 일을 쉬심과 같이 그도 자기의 일을 쉬느니라"(히 4:9-10).

우리는 영적으로 쉬고, 육적으로 일한다. 우리는 이마에 땀을 흘리며 일을 해야 하지만, 그리고 우리의 일은 아직도 가시와 엉겅퀴를 산출할 수 있지만, 하나님의 은혜 가운데서 쉬는 사람은 만물을 창조하시고 사랑의 섭리를 펼치시는 하나님이, 우리가 하는 일의 배후에서 떠오르시는 바로 그분이심을 알 수 있다. 구스타프 빙그렌은 그 점에 대해 먼저 루터의 주장을 인용하며 이렇게 설명한다.

"그분은 우리에게 양모¥毛를 주셨다. 그러나 인간의 노고를 통해서이다. 만약 그것이 양의 몸에서 그대로 자라게 내버려둔다면, 그것으로 우리는 외투를 만들 수 없다." 하나님은 우리에게 양모를 주셨다. 그러나 털을 깎고, 털을 짜서 실로 만들고, 방적하는 등의 과정을 거쳐야 한다. 이 소명에서 하나님의 창조의 일은 계속되어 그 옷을 필요로 하는 이웃 사람들에게 이르러서야 끝난다."(1525년 빙그렌의 설교)

이 세상에 살고 있지만 이 세상에 속하지는 않는다

앞에서 언급했던 바와 같이 하나님은 이 세상을 다스리시기 위한 한 부분으로 사람에게 각기 다른 소명을 주셨다. 하나님은 섭리의 능력을 통해 사람의 일 안에서 활동하신다. 사람은 자신이 하는 평범한 일의 영적인 의의에 대해서는 모호해 하는 경향이 있다. 그들의 일이 죄에 의해 더럽혀졌을지라도 믿음으로 행하고 그리스도 안에서 쉬는 그리스도인은 하나님의 은사의 통로로 일하며 살아갈 수 있다.

하나님은 우리의 일이나 소명을 하나님이 은혜를 베푸시기 위한 공로로 여기시지 않는다. 오히려 우리와 그분과의 관계는 오직 그리스도의 일을 통한 그분의 무한한 은혜와 용서하심에 근거한다. 기본적으로 소명 안에서 행한 선한 일은 믿음의 열매이다. 선한 일은 하나님을 위해서가 아니라 이웃을 위해 행해진다. 모든 소명의 전체적인 목적은 "네 이웃을 네 자신 같이 사랑함"(마 22:39)이다.

여기에는 모든 직업 혹은 생활 방식이 소명이 될 수는 없다는 조건이 따른다. 마약 거래인이 되는 것은 하나님으로부터의 소명일 수 없다. 그 직업은 자신의 이웃에 대한 사랑을 포함하지 않는다. 오히려 그들을 해칠 뿐이다. 도둑, 사기꾼, 청부 살인업자, 그리고 다른 여러 범죄와 같은 직업도, 소명의 범위 안에 들지 못한다. 그들은 본질적으로 죄인이다. 그들은 아무런 사랑도, 섬김도 나타내지 않는다. 하나님은 그러한 그들 안에 숨어 계시지 않는다. 오직 악마만이 숨어 있을 뿐이다.

어떤 합법적인 직업들조차도 모두가 정당한 소명은 아니다. 낙태수술을 하는 의사는 자신의 이웃(자궁 속의 아기)을 사랑하고, 섬기는 것이 아니다. 합법적이지만, 해로운 상품을 제조하고 판매하는 것도 전혀 하나님으로부터의 소명이 아니다. 오늘날의 시장에 산적해 있는 합법적이지만 이웃 사람들에게 혜택을 주지 못하는 모든 신용 사기, 허위 의약품 등의 돈 낭비를 불러오는 제품을 제조하고, 판매하는 것도 하나님으로부터의 소명이 아니다. 재산을 다른 사람들의 혜택을 위하여 생산적인 투자 혹은 자선활동 등을 통해 어떻게해서든지 사용하지 않는다면, 느긋한 부자가 되는 것도 소명이 아니다.

합법적이고 보수도 많이 받는 직업들 중에 사람들을 죄로 이끄는 직업도 많이 있다. 이것은 악마가 하는 일이다. 포르노그래피 영화업, 스트립쇼를 하는 나이트클럽 운영, 혹은 카지노 운영 등의 일에는 하나님이 숨어 계시지 않는다. 반면에 영화배우, 영화 제작자, 음악가 등 연예업 종사자들은 정당한 소명을 즐긴다. 이웃을 즐겁게 하고, 그들에게 기쁨을 주며, 그들에게 지혜와 감동을 안겨 주기도 한다(좋은 영화는 항상 그렇다). 그것은 이웃을 사랑하고 섬기는 좋은 방법이다. 그러나 가끔 감독은 관객에게 죄의 기쁨을 안겨 주기 위해 그들을 밀어붙인다. 여기에서 그 소명에 종사하는 그리스도인들은 한계를 정해야만 한다. 배우로서의 활동은 그리스도인으로서도 가치 있는 소명에 따른 일이다. 그러나 누드 신을 연출하는 것은 신성한 소명에 따른 한 부분이 아니다. 뮤지컬 배우로서의 기능은 하나님이 주신 매우 특별한 은사이다. 그러나 신체상해, 사디즘sadism, 밀교를 찬양하는 데스메탈Death Metal 밴드에서 노래하며 연기를 펼치는 것은 하나님이 그 은사를 주시며 염두에 두셨던 일이 아니다. 기독교 예술인들은 믿지 않는 동료들과 논쟁을 벌이게 될지라도, 이웃을 타락시키는 대신에 그들의 예술적 은사를 통하여 이웃을 섬겨야 한다. 다시 말해 모든 그리스도인들과 마찬가지로, 그들은 세상의 유혹과 맞서 전투를 벌여야 한다.

그리스도인들은 이 세상 안에 존재하지만 이 세상에 속한 사람들은 아니다. 이것을 이루는 방법은 소명을 통하는 것이다. 이에 관한 그리스도의 말씀은 너무도 중요하기 때문에 여기에 그대로 인용한다.

"내가 아버지의 말씀을 그들에게 주었사오매 세상이 그

들을 미워하였사오니 이는 내가 세상에 속하지 아니함 같이 그들도 세상에 속하지 아니함으로 인함이니이다 내가 비옵는 것은 그들을 세상에서 데려가시기를 위함이 아니요 다만 악에 빠지지 않게 보전하시기를 위함이니이다 내가 세상에 속하지 아니함 같이 그들도 세상에 속하지 아니하였사옵나이다 그들을 진리로 거룩하게 하옵소서 아버지의 말씀은 진리니이다 아버지께서 나를 세상에 보내신 것 같이 나도 그들을 세상에 보내었고"(요 17:14-18)

타락한 세상에서 우리 그리스도인들은 긴장 속에 살아간다. 그리고 이 세상으로부터 물러나거나 그것을 비판 없이 받아들여 긴장을 없애는 것을 허용받지 못했다. 우리는 이 세상에 속한 사람들이 아니라 그리스도에게 속한 사람들이다. 그럼에도 그리스도는 우리를 이 세상에서 데려가기를 원하지 않으신다. 그분은 우리를 악마로부터 보호해 주시는 것은 원하지만, 세상에서 활동하기를 원하신다. 그분은 자신이 지으시고 지배하시는 세상을 궁극적으로 다스리신다. 나아가 그분은 자신을 따르는 사람들을 세상으로 보내셨다. 즉 그분은 우리에게 세상에서의 소명을 주셨다.

우리 그리스도인들은 우리에게 주어진 소명을 수행하

는 것에 의해 이 세상과 맺어졌다. 이것이 우리가 문화에서 긍정적인 영향을 끼칠 수 있는 방법이다. 그리스도인 배우, 음악가, 화가는 가끔은 무미건조하고 어둡기만한 이 세상에서 빛과 소금이 될 수 있다. 우리가 법조계, 과학, 언론, 교육, 학문 그 외의 모든 문화를 만들어 가는 영역에서 그리스도인들을 필요로 하는 이유이다.

나아가 복음주의가 가장 효과적으로 나타날 수 있는 것은 소명 안에서이다. 어떻게 비그리스도인이 복음을 접할 수 있겠는가? 당연히 그들이 스스로 교회를 찾아서 나올 가능성은 거의 희박하다. 어쩌면 복음을 전하는 사람이 그의 집 문을 두드렸을지도 모른다. 그러나 오늘날 대부분의 사람들은 잘 모르는 사람을 집안으로 불러들이지 않는다. 그렇지만 일터에서는 비그리스도인들과 그리스도인들이 나란히 같은 일을 함께하며 서로를 잘 알게 된다. 그래서 동료를 교회로 초대하거나 복음을 증거할 수 있는 기회가 찾아온다. 같이 시원한 음료수를 한 잔하며, 혹은 휴식 시간에 최근 이슈되는 사건에 관해, 다른 사람의 불행한 결혼 생활에 관해 얘기하며, 혹은 아이를 낳은 것과 같은 기쁨을 나누는 시간에 자연스럽게 찾아온다. 소명 속에서 그들의 세계로 들어간 그리스도인들은 비그리스도인들에게 목회자보다도 더 효과적으로 접근할 수 있다.

그리스도인들은 다양한 세계에 펼쳐져 있고, 우리는 자신의 일에서 각기 다른 의미를 느낄 수 있다. 그럼에도 대부분의 소명에서는 그리스도인들과 비그리스도인들의 일은 같다. 목수나 배우나 음악가로서 활동하는 가운데 특별히 그리스도인이라고 해서 별다른 방식은 없다. 그리스도인이나 비그리스도인이나 변호사, 공장 근로자, 농부, 은행원도 같은 일을 한다. 어쩌면 그리스도인은 일반적으로 좀더 정직하거나 윤리적일 수 있다. 그러나 정직과 윤리는 비그리스도인에게서도 얼마든지 찾아볼 수 있는 덕목이다.

비그리스도인들은 비록 그들이 하나님을 모를지라도, 하나님이 당신의 큰 계획에 따라 그 사람을 현재의 그 지위에 앉혀 주시고 사용하신다는 점을 기억하기 바란다. 소명 그 자체도 나름대로의 목적을 가진다. 그리고 그것은 기본적으로 그리스도인을 위해서도, 비그리스도인을 위해서도 같다. 기업 경영인은 주주를 위해 이익을 올려야 한다. 그리스도인 사무직 근로자는 회사 돈을 낭비하거나 비생산적인 직원에 대해 참아 주기만 해서는 안 된다. 그리스도인 경찰관이라 해서 모든 범죄자를 용서하고 체포하지 않아서는 안 된다. 그렇게 하는 것은 자신의 소명을 위반하는 것이다.

영적으로 그리스도인의 생명은 그리스도와 함께 하나님 안에 숨겨져 있다(골 3:3). 그러나 육체적으로는 그리스도인들도 다른 모든 사람들과 함께 같은 세계에 살며, 같은 자연의 법칙을 지켜야 하며, 같은 공동체 내에서 살며, 같은 종류의 현실적인 일들로 거래한다. 그리스도인들은 평범하고 일상적인 영역에서 물러나(우리가 항상 신비로운 경험을 하고, 천국 같은 세상에 사는) 살거나, 하나님이 우리를 위해 만들어 놓으신 이 세상을 무시하며 살도록 되어 있지 않다.

많은 종교는 '물질적 세상'을 악으로, 최소한 비영적인 것으로, 구원은 명상 혹은 금욕을 통하여 세상적인 경험의 굴레를 빠져나와야만 가능하다고 한다. 그러나 기독교 정신은 물질적 세상을 소중히 한다. 하나님이 이 세상을 창조하셨다(힌두교에서는 악마가 창조했다고 가르친다). 그리고 '보시기에 좋았더라"(창 1:10, 12, 18, 21, 25). 더욱이 하나님은 예수 그리스도 안에서 성육신으로 이 세상에 오셨다. 그분은 특정한 문화권의 한 가정에 목수의 아들로 이 세상에 오셨고, 그분은 자신의 손으로 일하셔야만 했다.

그분의 제자들도 각기 다른 소명으로부터 왔다. 그들 중 상당수는 어부였으며, 한 사람은 세리였고, 사도 바울은 장막을 짓는 사람이었다. 그들은 예수님을 모르는 사람들과 다를 바 없이 고기를 잡고, 천을 자르고 꿰맸을 것이다. 그러나 세리 마태나 삭개오도 마찬가지로, 예수님을 영접한 이후 더욱 정직해졌을 것임이 분명하다. 어부 베드로, 야고보, 요한은 예수님을 따르기 위해 그들의 그물을 버려야만 했다. 그러나 예수님이 돌아가시자 그들은 다시 그 일로 돌아갔다. 예수님의 부활 이후, 그들은 가르치고 설교하는 사역으로 부르심을 받았다. 그러나 그들은 죽음이라는 최후의 부르심을 받고서야(대부분 순교함) 이 세상으로부터의 들리움을 받고, 그 다음에 영원한 생명을 유업으로 받았다.

주인과 하인

개혁 신학자들은 황제, 왕, 귀족, 부르주아, 농부 순으로 서열이 엄격하고, 계급 사이의 장벽도 굳어 버린 사회에서 살았지만 하나님 앞에서 소명의 평등함을 강조했다. 그 당시에 소명을 선택한다는 것은 많은 논의가 있었다.

당신의 인생에서 당신의 신분은 부모의 신분과 같았다. 구두장이의 아들은 구두장이가 되고, 왕의 아들은 왕이 되는 경향이었다. 그러기에 어떤 사람은 소명 원리를 단순히 현상 유지를 위한 것이라고 생각할 수 있다. 그러나 결국 계급제도를 타파하고, 새로운 사회적인 이동성 문화가 나타나기 시작했다.

하나님 앞에서 모든 사람이 영적으로 평등하다는 것을 밝혀 주는 한 가지 이유를 소개한다. 루터의 여러 저서에서 내용을 정리한 구스타프 빙그렌의 글을 인용한다.

황제든, 장인匠人이든 누구든 간에 믿음 안에서 하나님께로 돌아설 때, 혹은 더 구체적으로 기도할 때, 신분에 따라 다른 사람에 의해 주어지는 외부의 지원이 없어지게 된다 … 각 사람은 하나님 앞에 홀로 선다. 하나님 앞에서 각 사람은 마치 하늘과 땅에 하나님과 그 자신뿐인 것처럼 홀로이다. 하나님 앞에서는 지위나 신분이 사라질 뿐만 아니라, 모든 행한 일마저도 죄 많고 가치 없는 것으로 나타난다. 그러므로 그 모든 동등함은 땅의 사람들 사이의 다름을 씻어버린다. 하늘나라에서는 모두가 동등하다. 거기에서는 모두가 단순히 하나님의 은혜를 받는다. 모두가 똑같이 받는다. 그러므로 하늘나라에서의 동등함은 율법이 아니라 오직 복음과 신성한 은사에 의해 지배되는 그리스도의 나라라는 점에 의해 좌우된다.

땅에서는 구분과 차이 그리고 다양한 소명이 필수적이다. 그러나 이 모든 것은 사라진다.

이 세상에 제도가 존재하는 이상, 더 평등해진 오늘의 시대에서도 사장이 있고, 직원이 있고, 조직에서 서열이 있다. 그러나 하나님은 그것을 우리와 같은 방식으로 생각하시지 않는다는 것은 사실이다. "하나님은 사람의 외모를 보지 아니하시고"(행 10:34). 하나님은 높은 사회적 지위에 감동받지 않으신다. 부유함, 소유물, 지위 등 모든 특권의 표시는 하나님 앞에서 아무런 의미가 없다. "권세 있는 자를 그 위位에서 내리치셨으며 비천한 자를 높이셨고 주리는 자를 좋은 것으로 배불리셨으며 부자는 빈손으로 보내셨도다"(눅 1:52-53). 하나님께는 "먼저 된 자로서 나중 되고 나중 된 자로서 먼저 될 자가 많으니라"(막 10:31).

소명에서 하나님은 이 세상이 하는 것과 같이 일하시지 않는다는 점을 이해하는 것이 중요하다. 하나님께서는 세상과 우리가 "우리보다 아래"라고 여기는 지위로, 우리 자신을 위해 원하는 것만큼의 화려하지도 않고 별로 중요하지 않는 자리로 우리를 부르실 수도 있다.

그럼에도 세상적인 소명은 이 세상에 존재하는 인간관계망이다. 여기에는 권력의 행사와 순종의 의무를 포함한다. 우리나라는 민주공화국이다. 또한 기업은 평등주의인 자유기업 경제의 소산이다. 그들의 조직은 봉건제도를 뒤흔드는 계급제도를 보여 준다. 근로자에게는 상사가 있다. 그러나 그 상사에게도 그 위의 상사가 있으며, 최고의 위치에는 최고 경영자CEO가 있으며, 그는 이사회와 주주들에게 보고해야 하는 의무가 있다.

일터에서 거의 모든 사람들은 예수님께로 나아와 이렇게 말한 백부장과 같다. "주여, 내 집에 들어오심을 나는 감당하지 못하겠사오니 다만 말씀으로만 하옵소서 그러면 내 하인이 낫겠사옵나이다 나도 남의 수하에 있는 사람이요 내 아래에도 군사가 있으니 이더러 가라 하면 가고 저더러 오라 하면 오고 내 종더러 이것을 하라 하면 하나이다"(마 8:8-9). 백부장에 관해 주의깊게 보아야 할 점은 그 역시 '남의 수하'에 있는 사람이어서, 예수님의 권세를 인식했다는 점이다. 여기에 더하여 그는 자기의 지위를 사용해 그의 부하들에게 명령했을 뿐만 아니라, 예수님께 병든 하인을 치유해 주실 것을 요청할 만큼, 자신의 휘하에 있는 사람들의 행복을 인간적으로 매우 중시했다. 예수님은 그 사람의 믿음에 감탄하시며 그 하인을 낫게 해주셨다.

성경은 정부의 소명(156쪽에서 다룸)에 대해서만이 아니라 일에서 주인과 하인의 관계까지, 세상적인 권세에 관해서도 직접 말씀하셨다. (여기에서는 KJV 성경을 인용한다. 현대어 성경은 그리스 로마 시대의 상황을 참작하여 '하인'을 '노예'로 번역하였기에, 오히려 오늘날과는 거리가 멀게 느껴지기 때문이다. 그러나 모든 성경은 공부를 위해 유익하다. 루터의 대교리문답서의 "의무표Table of Duties"는 '하인들, 고용인, 근로자'들에게 적용되기 때문에, 그 원칙은 사회경제학적 제도에도 광범위하게 적용된다고 믿는다.)

> 종들아 두려워하고 떨며 성실한 마음으로 육체의 상전에게 순종하기를 그리스도께 하듯 하라 눈가림만 하여 사람을 기쁘게 하는 자처럼 하지 말고 그리스도의 종들처럼 마음으로 하나님의 뜻을 행하고 기쁜 마음으로 섬기기를 주께 하듯 하고, 사람들에게 하듯 하지 말라" (엡 6:5-7)

하인들(혹은 고용인들)은 그들의 주인(혹은 상사)을 대할 때, 마치 그리스도를 위하여 일하듯, 복종해야 한다. 다시 말하지만 우리는 소명 속에 숨어 계신 그리스도를 보았다. 이 경우에는 일터에서 고용주 안에 숨어 계신다. 정확히 말하면 권세는 오직 삼위일체 하나님께만 있는 것임으로, 세상적인 주인(상사)의 권세는 하나님께로부터 온 것이다. '육체의 상전'의 하인들은(단순히 세상의 질서) 실제로는 '그리스도의 하인'이다. 전통적으로 주인에게 바쳐지던 충성은 그 대신에 주인을 통하여 하나님께로 향한다.

근로자의 순종은 사장에게의 순종이 아니라 하나님께로의 순종이다. 근로자가 사장의 뜻에 따라 하는 행동은 '하나님의 뜻을 따르는 행동'이고, 그리스도를 섬기는 것이다. 진실로 이러한 태도는 그 사람을 효율적인 일꾼이 되도록 해준다. 진실하게 의무를 수행하며 선한 뜻을 보이는 근로자는 사람을 기쁘게 하는 점에 관해서는 개의치 않는다. 오히려 그 사람은 자신의 일을 영적인 훈련으로 받아들인다.

이 성경 말씀은 실제로는 노예제도를 붕괴시키고, 우리를 육체의 상전과의 결박으로부터 분리하여 하나님께로 돌리며, 인간의 존엄을 위한 새로운 장場을 열어 주었다. 훗날 기독교 국가는 그 정신은 그대로이지만 노예제도를 완전히 폐지했다.

가끔은 잔인하기까지 했던 고대 사회의 근로 관계를 더욱 부드럽게 해주었던 것은 주인들의 의무에 관한 말씀이다. "상전들아 너희도 그들에게 이와 같이 하고 위협을 그치라. 이는 그들과 너희의 상전이 하늘에 계시고 그에게는 사람을 외모로 취하는 일이 없는 줄 너희가 앎이라"(엡 6:9). 주인들은 하인들이 배운 상사에게 복종하는 태도와 마찬가지로 그들의 하인들을 다루어야 한다. 이것은 주인들도 그들의 하인 안에 숨어 계시는 그리스도를 보아야 한다. 주인들은 그들의 권세 휘하에 있는 하인들을 위협하지 말아야 한다. 그들 역시 자신도 주인을 모시고 있음을 기억해야 한다. 만약 그들이 자신의 하인을 잘못 다루면, 하늘나라에서 그들의 주인 앞에서 그 점에 대한 책임을 져야 한다. 그들 역시 권세의 휘하에 있다는 점과 그들 자신의 권세의 근원을 기억해야 한다. 그분은 사회적인 제도와는 달리 불공평하지 않다는 것을 보여 주신다.

일터에서, 돌아다니며 일하든지 사무실에 앉아서 일하든지 간에, 에베소서의 그 말씀은 소명을 수행하는 모든 그리스도인들에게 적용된다. 부하 직원들은 상사의 지시에 따라 그들의 업무를 수행해야 한다. 그렇게 하면서 그들은 상사를 섬김으로 그리스도를 섬기고 있음을 깨닫게 된다. 반대로, 상사들은 그들의 부하 직원들이 예정되어 있는 일들을 잘하도록 해주어야 한다. 그러나 그 과정에서 그들은 그리스도 앞에서의 자신의 책임을 기억해야 한다. 어떤 사람은 상사인 동시에 부하 직원(한편으로는 그 윗단계의 상사의 지시를 받음)이기 때문에 이러한 상황은 일상적으로 적용이 된다.

앞에서 우리는 하나님이 우리에게 일용할 양식을 주시기 위해 농부를 어떻게 사용하시는지 보았다. 이것은 하나님이 인간의 일을 통해 일하신다는 점을 명확히 보여주었다. 루터의 유명한 말에 의하면, 하나님은 농장에서 가축의 젖을 짜는 여인의 손을 통해 직접 젖을 짜신다(창세기 해설). 아이러니하게도, 가끔은 하나님이 지위가 높은 사람들보다는 낮은 지위의 사람들을 통하여 양식을 제공하신다는 점을 보기가 더 쉽다. 하나님이 대기업의 경영진 혹은 할리우드의 스타들을 통해서보다는, 농부 혹은 농장에서 가축의 젖을 짜는 여인을 통해 세상에 복을 주신다는 점을 보기가 더욱 쉽다. 비록 세상의 눈으로 볼 때는 전자에 속하는 사람들이 더 좋은 직업이라고 간주되기는 하지만.

어떻든 가장 합법적인 직업은 다른 사람들을 섬기는 일이다. 누구든지 어떤 상품 혹은 서비스에 대해 그 대가를 지불할 때는 자신이 그것으로부터 혜택을 받아야 한다고 생각한다. 기업은 성공을 하기 위한 도움으로 광고를 필요로 한다. 할리우드의 영화배우는 수백만 명에 이르는 사람들에게 순수한 기쁨을 안겨 줄 수도 있다. 그것은 소중한 소명이다.

그러나 하나님이 식당 웨이터, 하수도 수리공, 환경미화원 등 좀더 구체적인 섬김을 위한 소명을 주셨다 해도 부끄러워해서는 안 된다. 특별히 하나님으로부터의 소명이라는 복을 받은 우리는 그들을 업신여겨서는 안 된다.

식품점 점원, 공장에서 일하는 사람, 건설 노동자 등 자신의 손으로 직접 일하는 사람들은 이 세상에서 그리스도인의 삶과 소명과 큰 뜻에 관한 여러 성경 말씀에서 특별한 명예를 얻는다. "또 너희에게 명한 것같이 조용히 자기 일을 하고 너희 손으로 일하기를 힘쓰라 이는 외인에 대하여 단정히 행하고 또한 아무 궁핍함이 없게 하려 함이라"(살전 4:11-12).

우리가 해야 할 일

　비행기가 세계무역센터에 돌진했을 때, 수많은 사무실 근로자들은 그 건물 밖으로 튀어나왔다. 그런데 탈출의 물결을 거스르며, 수많은 경찰관과 소방관들은 그 건물 안으로 뛰어들어갔다. 그 건물이 붕괴되었을 때, 사람들을 구조하기 위해 뛰어들어갔던 수백 명에 달하는 경찰관과 소방관들은 거기에서 생의 최후를 맞이했다. 그 후 경찰관, 소방관, 자원봉사자들은 그 건물의 잔해 속에서 밤낮으로 허리가 휘어지는 듯한 고통과 싸우며, 살아있는 사람 혹은 최소한 시체라도 찾아내기 위해 필사적인 투쟁을 벌였다.

　여기에 진정한 영웅들이 있다. 이 점에는 프로 스포츠 선수들과 영화배우들이 이구동성으로 찬사를 보냈다. 우리들은 아무것도 아니다. 정말로 붕괴 현장에서 자신의 생명의 위험을 무릅쓰고 일했던 경찰관, 소방관, 자원봉사자 등의 일꾼이 진정한 영웅이라고 말했다. 모든 사람들이 동감했다. 주목할 만한 것은 그 영웅들이 인터뷰할 기회가 있을 때마다 겸손히 칭찬을 물리치고 이렇게 말했다.

"우리는 그저 우리가 할 일을 했을 뿐입니다."

그것이 진정한 소명 원리이다. 평범한 남자와 여자들은 "단지 그들의 일"을 하며 그들의 이웃에 대한 사랑과 섬김을 표현한다.

가정에서의 소명

80대 후반의 나이에 세상을 떠나신 어떤 할머니의 장례식으로 교회가 붐볐다. 그 할머니와 이미 고인이 된 그 할머니의 남편 사이에는 많은 자손들이 있었다. 지금 그들이 모두 모였다. 큰 무리를 이루는 손자와 증손자들까지 그곳에 함께 모여 있다. 각 세대의 배우자들, 거기에 조카들과 그들의 아이들도 같이 있다. 하나님께서 그 할머니의 평생을 지켜 주시고 이제 다시 하나님의 품으로 돌아가 안기게 됨을 감사하기 위해 모인 가족들로 교회가 가득 채워졌다.

만일 그 할머니가 1930년대에 그녀의 남편을 만나지

못했더라면 어떻게 되었을까? 그들이 결혼하지 않았더라면? 중년쯤 된 손자들 그리고 성도들이 앉은 사이를 소리를 지르며 뛰어다니는 어린 증손자들은 아마도 이 세상에 존재하지도 못했을 것이다. 한 남자와 여자의 결혼은, 그들이 꿈도 꾸지 못했을 놀라운 결과를 이루었다. 그들로부터 셀 수도 없는 생명들이 태어나 새로운 세대를 이루고, 다음 세대에서 또 아이들이 태어날 것이다. 하나님께서 그 여인이 남편과 함께 이룬 가정에서 그 할머니를 통해 큰 일을 하신 것은 분명하다.

진실로 모든 그리스도인들은 하나님으로부터 한 가정으로 부르심을 받았다. 우리 자신의 존재도 우리를 잉태하고 출산한 우리의 부모를 통해서 이 세상에 태어났다. 하나님은 이 세상의 각각의 존재를 모두 지으실 수 있었다. 그러나 그분은 가정이라는 제도를 통해 새로운 생명을 낳고 보살피는 방법을 선택하셨다.

가정은 모든 소명 중에서도 가장 기본이 된다. 하나님의 창조의 능력과 그분의 섭리에 따른 보살핌이 사람을 통해 가장 놀랍게 이루어지는 곳도 가정이다. 고고학자들은 가정이 모든 문화의 가장 기본적인 단위라고 말한다. 하나님의 권한을 위임받은 가정은 다른 모든 인간 권세의 기초와도 같다. 그러므로 시민으로서 소명의 기초도 가정 안에 있고, 아이들에게 많은 것을 제공하는 아버지의 소명은 그 사람의 일터에서의 소명을 생겨나게 한다. 그리고 교회에서도 어떤 가정은 하나님과 당신의 백성들과의 친밀한 모습을 보여 주는 형상으로 드러난다. 하나님은 하늘에 계신 우리 아버지이시고, 교회는 그리스도의 신부이다.

우리는 한 가정 안에서 태어났고, 우리의 존재는 어머니와 아버지의 덕분이다. 종교개혁가들에 의하면 아기로서 자라는 것도 한 소명이고, 우리는 부모에게 있어서 항상 그분들의 자녀이다. 반대로, 우리 자녀들은 결혼하라는(또다른 생애의 관계) 부르심을 받고, 자신의 아기를 가지는 부모가 되라는 부르심을 받는다. 이 모든 것은 하나님으로부터의 거룩하고 신성한 소명이다.

결혼이라는 신비로움

"하나님이 고독한 자들은 가족과 함께 살게 하시며,"(하나님은 고독한 자에게 가족을 주시고 ; 현대인의 성경, 시편 68:6). 시편 기자는 이렇게 노래한다. 창세기에 하나님이 보시기에 사람이 혼자 사는 것이 좋지 않아 보이셨기에, 남자의 몸으로부터 여자를 지으시고, 결혼을 제정하시고, 그들에게 생육하고 번성하라는 명령을 하셨다(창 1-2장).

결혼은 하나님으로부터의 소명이다. 이것은 종교개혁가들에게는 매우 중요한 문제였다. 거룩한 존재가 되기를 원하여 결혼도 하지 않고, 아이도 가지지 않겠다는 약속으로 독신 생활의 맹세를 하는 사람들의 논리에 맞서 투쟁을 벌여야 했다. 결혼과 가정에 관한 성경 말씀을 정리한 종교개혁가들은 결혼보다도 더 고결하고 성스러운 소명은 없으며, 성관계를 포함한 결혼 생활에 수반되는 모든 것은 하나님으로부터의 선물이라고 주장했다.

진실로 성경은 인간에게 결혼의 관계는 영적으로 심오한 의미가 있다는 것을 명확하게 설명해 준다. 사도 바울은 몇몇 성경 구절에서 그리스도와 교회의 관계를 설명하며, 결혼으로써 결합을 '심오한 비밀'이라고 묘사한다(엡 5:32). 요한계시록에 의하면 종말에 이르렀을 때, 교회는 재앙을 통해서 신랑의 오심을 기다린 그리스도의 신부로 나타날 것이다(계 21:2-9). 성경에서 갈망과 애틋함으로 인해 가장 위대한 사랑의 시라고 부르는 솔로몬의 노래 Song of Solomon 혹은 최고의 노래 Song of Songs라고도 번역된 아가서는 사실 결혼에 관한 시이다. 그러나 그것은 항상 그리스도와 교회의 관계, 혹은 좀더 인간적인 면에서는 그리스도와 믿는 사람들의 관계를 대변해 왔다.

즉 그리스도는 결혼 생활 안에 숨어 계신다. 결혼 생활 그 자체가 성례이기 때문은 아니다. 비그리스도인들도 결혼을 하지 않는가? 종교개혁가들은 성례는 복음의 전파와 관련된 것으로 예수 그리스도에 의해 확립된 것이어야 한다고 주장한다. 그러므로 진정한 성례전은 성찬식과 세례뿐이다.

결혼은 창조시에 하나님에 의해 만들어진 것으로 전 인류에게 주어진 자연적인 의식이다. 그것은 하나님의 지상의 왕국과 관련되고, 그러므로 인간의 법에 의해서 허가받고 규정된다. 결혼은 성례가 아니라 소명이다. 결혼은 그리스도와 교회 사이의 관계의 구체적인 증거이다. 오직 그리스도인 부부에게만 국한된 일이기는 하지만, 믿음의 눈을 통하여 그 진실을 조금만 바라볼 수 있다.

결혼으로서의 결합을 '비밀이 크다'라고 묘사한 바로 그 성경 구절에서 사도 바울은 교회와 그리스도에 관해서 말한다(엡 5:32). 사도 바울은 남편과 아내가 서로에게 어떻게 대해야 하는지 설명한다.

"아내들이여 자기 남편에게 복종하기를 주께 하듯 하라 이는 남편이 아내의 머리 됨이 그리스도께서 교회의 머리 됨과 같음이니 그가 바로 몸의 구주시니라 그러므로 교회가 그리스도에게 하듯 아내들도 범사에 자기 남편에게 복종할지니라"(엡 5:22-24)

즉 아내는 자신의 남편 속에 숨어 있는 그리스도를 보아야 한다. 그리고 교회가 그리스도에게 복종하듯 남편에게 복종해야 한다. 반대로 남편은 아내와의 관계를 그리스도가 교회를 사랑하고 위하여 자신을 주신 것처럼, 아내를 사랑하고 위하여 자신을 주어야 한다. "남편들아 아내 사랑하기를 그리스도께서 교회를 사랑하시고 위하여 자신을 주심 같이 하라"(엡 5:25). 아내의 소명은 남편에게 복종하는 것이다. 남편의 소명은 아내를 위하여 자신을 바치는 것이다.

이 성경 구절은 가끔 편협하게도 결혼 생활의 상전을 규정하는 말씀으로 오해한다. 진실로 이 성경 구절은 권위를 말씀하신다. 이 점에 대해서는 다시 논의하겠지만, 그것은 매우 일부분에 불과하다. 그리고 그 일부분만 살펴보더라도, 그러한 해석은 '소명'이라는 요점에서 빗나

간 것이다. 소명의 목적은 이웃 사람을 사랑하고 섬기는 것임을 기억하고 있으리라 믿는다. 결혼 생활에서 아내의 이웃은 남편이고, 남편의 이웃은 아내이다. 아내는 남편을 사랑하고 섬김으로써 자신의 소명을 다하게 된다. 그리고 남편은 아내를 사랑하고 섬김으로써 그의 소명을 다하게 된다.

아내는 복종을 통하여 사랑하고 섬긴다. 남편은 자신의 바침을 통하여 사랑하고 섬긴다. 남편은 그리스도가 교회를 위하여 하듯 아내를 위하여 그것을 하라는 소명을 받았다. 그렇다면 그것은 무엇인가? 그분은 당신 자신을 부인하시고, 십자가를 지시고, 아내를 위하여 죽으셨다. 그는 자신을 바친 것이다. 사도 바울은 계속해서 말한다. "이는 곧 물로 씻어 말씀으로 깨끗하게 하사 거룩하게 하시고 자기 앞에 영광스러운 교회로 세우사 티나 주름 잡힌 것이나 이런 것들이 없이 거룩하고 흠이 없게 하려 하심이라"(엡 5:26-27).

지친 아내에게 짐을 더 얹어 주거나, 쇼파에 느긋하게 앉아 아내에게 충실하게 섬길 것을 요구하는 것은 절대로 남편이 취할 태도가 아니다. 이것은 그리스도가 자신의 신부인 교회를 대하는 태도도 아니고, 나아가 그리스도가 우리를 대하는 태도도 아니다. 이 성경 구절은 자신의 아내를 위해서는 자신의 소망, 필요, 힘, 생명까지도 희생하는 남편의 모습을 보여 준다. 진실로 그리스도와 그분의 신부에 관한 이 성경 구절에서 세례의 묘사와 여성의 선언은, 아내의 영적인 행복을 위해 자신의 모든 것을 바치는 남편의 모습을 보여 준다. 남편이 그렇게 한다면 아내로서는 더욱 쉽게 복종할 수 있다. 자신을 그와 같이 사랑하는 남편이라면 당연히 믿고 따를 것이다.

그리스도가 우리와 그분과의 관계에서 앞장서서 하시는 것처럼(우리의 선행은, 우리를 위한 그분의 사랑에 대한 자연스러운 반응으로 나타나는 열매이다), 성경의 가르침과 같은 결혼 생활을 만들어 가기 위해 주도권을 행사하는 것은 남편에게 달린 일이다. 이것은 에베소서 5장 22절을 펼치고 읽어 준 다음 아내의 머리를 성경책으로 때리며 복종을 강요한다고 이루어지는 것은 아니다.

우리와 그리스도와의 관계에서 비슷한 점을 통해 본다면, 우리에게 어떻게 해야만 한다고 지시하는 율법만으로는 절대로 순종할 수 없음이 분명하다("만일 의롭게 되는 것이 율법으로 말미암으면 그리스도께서 헛되이 죽으셨느니라" 갈 2:21). 순종은 그리스도의 희생에 대한 반응으로 나타난다. 만약 결혼이 신랑이신 그리스도와 신부인 교회 사이의 관계를 반영한다면, 남편은 먼저 아내를 위해 자신을 바쳐야 한다. 반면에 그에 대한 반응으로, 아내는 교회의 역할을 맡아, 자신을 위한 남편의 좋은 뜻에 대해 복종하는 반응을 보인다.

에베소서의 이 성경 구절은 더 나아가 육체적, 성적인 측면까지를 포함한 결혼 생활의 모든 면에 관해 말한다.

> "이와 같이 남편들도 자기 아내 사랑하기를 자기 자신과 같이 할지니 자기 아내를 사랑하는 자는 자기를 사랑하는 것이라 누구든지 언제나 자기 육체를 미워하지 않고 오직 양육하여 보호하기를 그리스도께서 교회에게 함과 같이 하나니 우리는 그 몸의 지체임이라 그러므로 사람이 부모를 떠나 그의 아내와 합하여 그 둘이 한 육체가 될지니 이 비밀이 크도다 나는 그리스도와 교회에 대하여 말하노라 그러나 너희도 각각 자기의 아내 사랑하기를 자기 같이 하고 아내도 자기 남편을 존경하라" (엡 5:28-33)

그리스도인으로서 우리의 행동은 가끔 비난을 받지만, 성경이 확인해 주는 우리 육체의 본질은 육체의 훼손과는 거리가 멀다. 더욱이 성경은 모호한 '영적'인 언어가 아니라, '사람'의 언어로써 그리스도와 그의 백성들과의 결합을 말해 준다. 교회는 그리스도의 몸이다. 나아가 그리스도는 당신의 교회를 위하여 십자가에 달리시며 당신의 몸을 바치셨다. 그리고 성만찬에서 그분은 이렇게 말씀하신다. "이것은 너희를 위하여 주는 내 몸이라"(눅 22:19).

세상을 창조하시며 결혼을 제정하셨을 때(사도 바울은 창세기 2장 24절 인용), 하나님은 남편과 아내에게 '한 몸'이 될 것을 명하셨다. 이것이 진실로 '큰 비밀'이다. 그리스도의 교회와의 연합의 본질은, 우리가 이 땅에서의 그리스도의 몸이라는 것을 의미한다. 그리고 그분이 우리를 위하여 자신의 몸을 주셨다는 것은, 신학적인 의미에서, 자신의 몸을 깊숙이 열어 주셨음을 의미한다. 그러나 매우 현실적인 방법으로 결혼에 적용할 수 있는 것은 바로 여기에서이다. 남편은 자기 자신의 몸을 사랑하듯 자기 아내를 사랑해야 한다. 그가 자기 몸을 해롭게 하고 싶지 않아 하는 것처럼, 아내를 학대하거나 아내에게 해를 끼쳐서는 안 된다. 이제 사도 바울은 남편과 아내가 공유하는 상호간 육체에서 성적인 영향을 말한다. 다른 곳에서는 더욱 구체적으로 말한다.

> "남편은 그 아내에 대한 의무를 다하고 아내도 그 남편에게 그렇게 할지라 아내는 자기 몸을 주장하지 못하고 오직 그 남편이 하며 남편도 그와 같이 자기 몸을 주장하지 못하고 오직 그 아내가 하나니 서로 분방하지 말라 다만 기도할 틈을 얻기 위하여 합의상 얼마 동안은 하되 다시 합하라 이는 너희가 절제 못함으로 말미암아 사탄이 너희를 시험하지 못하게 하려 함이라" (고전 7:3-5)

이 말씀은 결혼에서 성적인 측면을 아주 강조한다는 점에서 놀라울 정도이다. 남편과 아내는 서로를 성적으로도 만족시켜야 한다. 그들의 몸은 그들 자신의 것이 아니라 서로의 것이다. 아내의 몸은 남편에게 속했고, 남편의 몸은 아내에게 속해 있다. 그들은 기도에 전념하기 위하여 합의한 때가 아니면, '서로의 성을 못갖게' 해서는 안 된다. 또한 떨어져 있는 기간도 '한정된 시간'에 한할 뿐이며, 그 이후 그들은 "다시 하나가 되어야 한다."

결혼 생활 안에서 성의 자유는 오늘날의 성에 대한 세상적인 태도와는 매우 다를 뿐만이 아니라 매우 자유스럽다. "이건 내 몸이야. 그러니 내가 원하는 대로 얼마든지 할 수 있어." 이런 식의 주장은 있을 수 없다. 그렇다. 그것은 당신의 몸이 아니다. 당신의 배우자의 몸이고, 하나님의 몸이다. 여기에서는 성의 자유도 없다. 성은 결혼 생활 안에서 최고로 표현된다. 그럼에도 사탄은 남자와 여자를 유혹하고, 그들의 결여된 자기 절제를 이용해 그들을 부정不貞 행위 혹은 그 외의 다른 성적인 부도덕으로 이끈다.

소명에 관한 원칙의 요점은 뒷부분에서 더 상세히 논의할 것이다. 무엇인가를 소명 안에서 행하면 좋은 일이 될 수도 있겠지만, 소명 밖에서 행한다면 나쁜 일이 된다. 결혼 생활 밖에서의 성은 나쁘다. 그것은 성이 나쁜 것이기 때문은 아니다. 결혼이라는 소명 내에서의 성은 매우 좋은 것이다. 그러나 결혼 생활 밖에서의 성은 매우 나쁘다. 그것은 악이다. 당신은 자신의 배우자 이외의 사람과 성을 가지도록 부르심을 받지 않았다. 당신에게는 자신의 배우자가 아닌 사람과 이 긍정적인 육체 관계를 가질 권한이 없다.

성을 가지는 것이 왜 소명이어야만 하는지에 관해서는 좋은 이유가 있다. 그것의 본질과 목적에 의해 성은 또 다른 소명, 즉 부모됨으로 이끈다.

부모가 되는 것은 기적이다

창세기에서 보여 준 창조적인 능력은(새로운 생명을 만드는 능력) 평범한 남녀가 하나가 되어 아기를 가지는 것은 믿을 수 없는 기적과도 같다. 그러나 너무도 당연하게 생각하기 때문에 사람들은 그것이 너무도 놀라운 일 즉 기적이라는 점을 잊어버리는 경향이 있다. 다만, 그들 자신에게 그런 일이 있을 경우에는 예외이다.

부부가 아기를 가졌을 때면, 그 일이 본질적으로 기적이라는 점을 쉽게 감지할 수 있다. 그들의 DNA를 공유하는 아기를 임신한 것은 어머니와 아버지이다. 하지만 그들을 통하여 아기를 지으신 것은 하나님이시다. "주께서 내 내장을 지으시며 나의 모태에서 나를 만드셨나이다"(시139:13). 생명을 주시는 하나님이 실제로 잉태와 임신 안에서 선물을 주시고 일하신다.

갓태어났을 때의 아기는 전적으로 부모에게 의존해야 한다. 그들은 스스로 먹을 수도 없고, 말을 할 수도 없고, 주위를 돌아다닐 수도 없다. 목욕을 시키고, 옷을 갈아 입히고, 먹이고, 재우는 등 그들에게 필요한 모든 것을 보살펴 주어야만 한다. 그들은 자신의 부모에게 모든 것을 의존해야 한다. 이것은 우리가 어렸을 때만이 아니라, 실제로 항상 하나님께 의지해야만 하는 우리의 모습이기도 하다. 하나님은 어머니와 아버지를 통하여 아기를 보살펴 주시며 그들이 아기에게서 느끼는 사랑은, 하나님의 사랑의 한 가지 모습이다.

부모는 하나님처럼 아기를 이 세상에 존재하도록 해줄 뿐이 아니라, 이때도 하나님처럼 아기의 생명을 유지해 준다. 다시 말해, 부모는 '하나님 같은 존재'가 아니라, 하나님께서 그들이 하는 일 안에서 일하시는 것이다. 하나님은 부모의 소명 속에 숨어 계신다.

더욱이 부모는(하나님처럼, 혹은 하나님의 도구로써) 그들의 아이들에게 믿음을 심어 주기 위해 일한다. 위대한 크리스천 시인 에드먼드 스펜서 경은 그의 결혼을 축하하는 축가에서 아기의 잉태에 관해, 영원한 영혼, 잠재적인 하늘나라의 한 시민에 관해 노래했다. 아이에게 마땅히 행할 길과(잠 22:6) 하나님의 말씀을 가르치는 것(신 4:9, 6:7)은 부모의 일, 더욱 정확한 표현은 부모의 소명이다. 교회에서는 그것의 실현으로, 부모는 아기에게 세례를 받도록 해준다.

종교개혁가들은 교리문답서에서 신앙의 진리 안에서

아기의 가르침을 단순히 목사에게만이 아니라, '가정의 가장'에게도 맡긴다. 한 아기의 영적인 평안은 교회에서만이 아니라, 진실로 가장 기본적인 책임을 가진 가정에서도 키워진다. 이것은 절대로 교회의 역할을 감소시키지 않는다. 주일학교 그리고 교리문답 교육은 부모를 대리해 시행하는 것이다. 그러는 과정에서 해야 하는 부모의 책임은, 그들의 아이들이 교회에서 성장하는 것을 지켜보는 것이다. 그러나 가장이 있는 가정은(보통은 아버지가 가장이다. 그러나 이 용어는 아기를 홀로 키우는 어머니의 소명을 설명하기에는 모호하다) 가장이 가족의 목자가 되며, 그 가정은 조그만 교회와도 같다.

부모를 작은 목자라고 말하는 것은, 그들이 실제로 목회를 하는 목자의 역할을 한다는 의미는 아니다. 그렇지만 작은 목자로서의 부모는 자신의 아이들에 대해서는 가장 기본적인 권한을 가지며, 목사들은 부모의 역할을 훼손하거나 그것과 모순되는 행동을 해서는 안 된다(유일한 예외는, 복음에 관련될 때, 가족의 연계에서까지도 그리스도를 따르라는 부르심이 우선해야만 할 때이다(눅 4:26). 그러나 여기에서도 "네 부모를 공경하라(출 20:12)"라는 명령은 지켜야 한다. 믿지 않는 부모의 경우에도 마찬가지이다).

성경에서 하나님의 명령을 가리키며, "네 자녀에게 부지런히 가르치라"고 말씀하시며, 그 지시는 구체적으로 계속 이어진다. "집에 앉았을 때에든지 길을 갈 때에든지 누웠을 때에든지 일어날 때에든지 이 말씀을 강론할 것이며"(신6:7). 가족의 헌신, 성경 읽기, 도덕적 가르침, 그리고 특히 중요한 것(서로 간에 죄의 용서와 복음의 선언과 그 적용)은 한 가정에 태어나게 된 아기가 영적으로 형성되는 한 부분이다.

중요한 부모 역할은 부모가 아기를 낳고, 키우고, 그리고 그 아이를 영적으로 또 육적으로 형성시키는 놀라운 능력은 하나님이 진실한 부모이시라는 사실과 이어져야만 한다. 성경을 통하여, 하나님은 당신께서 우리의 '아버지이심'을 밝히신다. 특히 예수님은 우리에게 '하늘에 계신 우리 아버지'께 기도할 것을 가르치신다.

하나님은 우리 생명의 원천이시고, 우리의 삶의 제공자이시며, 우리를 지켜 주시는 분이시며, 우리의 권세이시다. 자신의 인생에서 아버지를 가지지 못한(우리 시대의 보편적인 괴로움이다) 아이들은 어떻게 되는가? "하나님은 고아의 아버지이시며"(시68:5). 하나님은 이 세상에서 평범하고, 마음을 잘 가다듬지 못하고, 실수하는 경향이 있는 남자들이라는 도구를 통하여 당신께서 우리의 아버지 되심을 보여 주시기 위해 선택하신 것은, 하나님의 또다른 기적이다.

자녀로서의 소명

모든 사람이 부모가 되도록 소명을 받는 것은 아니다. 그러나 누구에게나 부모는 있다. 자녀가 되는 것 역시 구체적인 일과 구체적인 의무를 가지는 거룩한 소명이다. 우리가 성인이 되었을 때까지도, 부모가 살아 계신 동안에는 그분들의 자녀이다. 또한 우리 가족의 소명으로서 그 역할은 매우 중요한 부분을 차지하게 된다.

아기는 할 일이 많지 않다. 먹고 자고 배설하며, 자신에게 충실히 봉사하려는 부모의 중심이 되는 것이 전부이다. 물론 이것만으로는 충분하지 않다. 그래서 아기가 하는 또다른 일은 우는 것이다.

어거스틴Augustine이 그의 『고백록Confession』에서 그 자신의 유아기를 어떻게 회상하는지 살펴보자. 먼저 그는 소명 원리를 정확하게 적용한다. 아기였을 때 그가 하나님께서 일하심으로 어떻게 보살핌을 받는지 묘사한 것이다.

당신의 자비의 위로하심이 처음부터 나를 붙들어 살게 하셨음을 나의 육신의 부모님을 통해 들었습니다. 당신은 그들로부터 그리고 그들 안에서 적당한 때에 나를 지으셨습니다. 하지만 나는 그것을 기억하지 못합니다. 내가 비록 여인의 모유로 평안하게 양육을 받았으나 실은 나의 어머니나 유모가 자신들의 유방을 가득 채운 것이 아니라 모든 것을 주관하시는 당신의 풍성하심과 법칙에 따라 당신이 그들을 통해 나의 유아기에 음식을 주신 것입니다. 당신은 또 나에게 본능을 주셔서 당신이 주시는 분량 이상 먹지 않게 하셨고 나를 기르시는 분들에게는 당신이 그들에게 주신 것을 내게 먹이도록 하셨으니 그들은 당신이 풍성하게 주신 것을 인간의 애정으로 즐거이 내게 주시기를 원했습니다. 그것은 그들로부터 나에게 온 선함은 바로 그들의 선함이었기 때문입니다. 그러나 그 선함은 그들로부터 온 것이 아니라, 그들을 통해서 내게 온 것입니다. 진실로 모든 선한 것은 당신에게서 나오니 "나의 모든 구원과 나의 모든 소원을 어찌 이루지 아니하시랴"(삼하23:5). 물론 이 모든 것도 나중에야 당신이 나의 내적, 외적으로 베풀어 주신 은혜를 통해 나에게 말씀하실 때에야 깨달았습니다. 유아기 때는 다만 젖을 빨고 배부르면 자고, 불편하면 우는 것밖에 몰랐었습니다.

일반적으로 어거스틴은 소명 원리와 함께 다루지 않는 인물이다. 그러나 더 이상 좋은 분석은 찾아보기 힘들다. 여기서 주고받음에 대한 진술은 모든 소명에 적용된다. "그들로부터 나에게 온 선함은 바로 그들의 선함입니다. 그러나 그 선함은 그들로부터 온 것이 아니라, 그들을 통해서 내게 온 것입니다."

약간은 지나친 표현 방법이기는 하지만, 자신이 항상 울었던 이유를 설명하며 한 아기를 통해 깨닫는 모습을 생생하게 그렸다.

나는 조금씩 조금씩 내가 어디에 있다는 것을 알게 되었고, 나의 요구를 들어줄 수 있는 사람들에게 내 뜻을 알려 주고 싶었습니다. 그러나 내 뜻을 그들에게 충분히 표시할 수가 없었습니다. 그 이유는 내 뜻은 내 안에 있었고 어른들은 내 밖에 있어서 어른들에게 주어진 감각의 힘으로는 내 영혼 안으로 들어올 수 없기 때문에 제 뜻을 알 수 없습니다. 그래서 나는 손발을 바둥거리며 소리를 내서 할 수 있는한 내 뜻과 맞는 몸짓을 약간 냈지만 내가 원하는 것과 똑같지 않아서 그들은 나를 이해해 주지 못했습니다. 나를 이해해 주지 못해서였는지 아니면 내가 원하는 것이 나에게 해로운 것이었는지는 몰라도 그들이 내내 뜻대로 해주지 않고 집안 어른들이 종처럼 봉사해 주지 않는다는 이유로 나는 성질을 내고 울음으로써 분풀이를 했던 것입니다. 갓난아이들이 모두 이렇다는 것은 그들을 살펴봄으로써 알게 되었습니다.

많은 사람들의 관심을 모으려고 한 아기가 성내어 우는 것과 자신이 요구하는 모든 것을 어른들이 들어주기를 원하는 고집은, 어거스틴에게는 원죄의 표시였다. 우리가 어른이 되었을 때도 남아 있는 어린아이로서의 우주적 반란이었다.

그러나 어린아이들은 그들의 소명의 한 부분을 수행하고 있는 것이다. 예를 들어, 노는 것은 그들이 하는 일이며, 논쟁의 여지는 있지만, 그들이 당연히 하도록 되어 있는 일이다. 배움도 어린 시절의 소명의 한 부분이다. 그리고 그것은 모든 사람들이 가졌던 소명들 중의 하나이다.

만약 어린이됨이 소명이라면, 하나님은 거기에도 숨어 계실까? 하나님은 하늘에 계신 우리의 아버지이시기에,

모든 사람은 그분에게 있어서 항상 자녀이다. 그럼에도 신비로운 성삼위일체 하나님은 아버지이시기도 하며 그분은 아들이시기도 하다. 또한 예수 그리스도는 하나님의 아들이시기도 하고, 사람의 아들이기도 하다. 그분의 성육신에서, 그분은 아버지와 어머니가 있는 한 가정의 아기로 태어나셔서, 하늘에 계신 아버지의 뜻을 완전하게 이루셨다. 지음을 받은 존재가 아니고 보냄을 받은 존재인 예수 그리스도는 신령한 아기로서, 모든 어린이의 죄를 깨끗하게 해주시는 근원이 되시고, 또 모든 어린이가 본받아야 할 모델이 되시는 분이다.

어린이됨이 소명이라면, 어린이가 어떻게 자신의 이웃을 사랑하고 섬길 수 있을까? 어린이의 이웃은 누구일까? 그 대답은 부모이다.

"네 부모를 공경하라"(출 20:12)는 계명은 "살인하지 말라", "도둑질하지 말라"라는 계명보다 앞에 있으며, 명확하며 의무를 포함한다. 루터는 '대교리문답서'의 십계명 해설에서, 특유의 예리한 방법으로 이 계명을 설명한다. "어린이는 자신의 육체와 생명을 부모에게 받았으며, 부모에 의해 보호받고, 양육을 받았다. 만일 부모가 그들의 소명을 수행하지 않았더라면, 그들은 자신의 육체의 배설

물 때문에 살아남을 수 없었음을 알아야 할 필요가 있다." 이것은 그들의 기저귀를 갈아 준 의무에 관련된다. "그러한 일을 이러한 식으로 바라보고 생각하는 사람이라면, 전혀 강요받지 않아도 그들의 부모를 공경한다. 하나님이 모든 좋은 것을 부모를 통해 그들에게 주셨음을 깨닫기 때문이다."

아이들은 그들의 부모에 의해 당황해 할 수도 있다. 루터는 매우 현실적인 면에서 부모도 실수하는 경향이 있음을 인식했다.

그러므로 젊은 사람들은 그들의 부모를 하나님의 대리자로 여겨 존경할 것과 또한 그들의 부모가 아무리 비천하고, 가난하고, 무력하고, 괴벽스럽다 할지라도, 그들은 하나님께서 허락해 주신 자신의 부모임을 잊지 않도록 가르침을 받아야 한다. 부모는 자신의 생활 태도나 결점으로 인하여 부모의 명예를 빼앗겨서는 안 된다. 그러므로 우리는 부모가 어떠한 사람이라 할지라도 그들의 인품을 생각해서는 안 되며, 즉 인품을 생각해서 왈가왈부할 것이 아니라 오히려 그들을 창조해 주시고 우리의 부모로 임명해 주신 하나님의 뜻을 생각해야 한다.

그들이 아무리 괴벽한 사람들일지라도! 루터는 여기에서 모든 소명을 이해하는데 도움이 되도록 사람과 역할의 차이를 명확히 구분해 준다.

소명은 특정한 역할로 부르심을 받은 사람에 관한 문제이다. 권세, 특권, 신성한 존재는 그 역할에 속하는 것이지, 그 소명을 담당한 사람에게 속하지 않는다. 어떤 부모는 "비천하고, 가난하고, 무력하고, 괴벽하다" 할지라도 그들은 어머니와 아버지로서의 역할을 맡고 있다. 그들 자신의 권위 덕분이 아니라, 인간의 몸 안에 넣어 주신 하나님의 계획에 따른 성의 창조력 덕분에 부모가 되었다. 같은 이유로 예를 들면 판사의 경우에도, 그 사람은 나름대로의 약점과 결점을 가진 평범한 사람이다. 그러나 법복을 입고 역할을 수행할 때 판사는 삶과 죽음을 가르는 권력을 행사할 수 있다.

어떤 목사는 믿음이 약할 수도 있다. 그러나 그의 역할 덕분에, 그가 주례하는 결혼은 유효하다. 더욱 중요한 것은 그가 집례하는 세례도, 복음도 유효하다. 그 역할을 맡은 사람이 하나님의 은혜와 용서하심을 필요로 하는 죄인일 수도 있다. 그리고 우리도 깨닫게 되겠지만, 소명 안에 죄가 들어있거나 죄가 그것에 대항하는 경우(자신의 자녀를 사랑하는 대신에, 그들에게 해를 끼치는 부모도 있다)도 가능하지만 역할 그 자체는 하나님의 선물이다.

부모와 자녀의 관계는 아이들이 성인으로 성장한 후에도 계속 이어진다. 그들은 계속 아들과 딸이다. 또한 살아 있는 동안 부모는 존경받아야 하는 존재이다. 교회에서 과부를 대하는 문제에 관해 사도 바울은 이렇게 말한다. "만일 어떤 과부에게 자녀나 손자들이 있거든 그들로 먼저 자기 집에서 효를 행하여 부모에게 보답하기를 배우게 하라 이것이 하나님 앞에 받으실 만한 것이니라"(딤전 5:4).

오늘날 연로한 사람들 중에 상당수는 그들의 자녀에게 의존하여 그들에게 부담이 되는 대신에, 가끔은 편안히 죽는 방법을 생각해 보기도 한다. 그러나 다시 말하지만, 의존은 바로 가정의 보이지 않는 연결 고리이다. 어린 시절(무력하게 요람에 누워서, 기저귀를 갈아 주고, 씻겨 주고, 먹여 주는 것을 필요로 할 때) 그들은 전적으로 부모에게 의존했었다. 이제 그들의 부모가 그들에게 그와 비슷하게 의존해야 하는 때가 찾아올 수도 있다. 그 역할의 전환은 양편 모두에게 힘든 일이지만, 그들의 부모 혹은 조부모에게 보답하는 것은 가족의 소명에 있어서 한 부분이다.

이러한 점에서 사도 바울은 계속해서 도움을 필요로 하는 한 가정의 가족을 돌아보지 않는 사람에 대해 준엄하게 꾸짖는다. "누구든지 자기 친족 특히 자기 가족을 돌보지 아니하면 믿음을 배반한 자요 불신자보다 더 악한 자니라"(딤전 5:8). 가족을 부인하는 것은 하나님을 부인하는 것과도 같다. 하나님은 가족 안에 숨어 계시기 때문이다.

가정의 소명에 대한 하나님의 목적

가정은 가장 기본적인 소명이다. 다른 세상적인 권세는 가정에서 행하는 권세로부터 나온다. "모든 권세는 부모의 권세로부터 나와 발전한다." 루터는 대교리문답서에서 다른 소명들과 부모로서의 소명을 비교하며 이렇게 말했다. "혈육의 아버지, 가정의 아버지(고용주), 나라의 아버지(국가의 지도자)가 있고, 여기에 더하여 영의 아버지(목사)가 있다."

가정과 다른 소명에서의 권세는 매우 실질적이지만, 그것이 소명의 목적은 아니다. 많은 사람들은 소명을 생각할 때면 즉시 권세의 문제로 비약해, 자녀에 대해 부모가 가지는 권세는 무엇인지, 아내에 대해 남편이 가지는 권세는 무엇인지에 관해 논의한다. 더 나아가 고용주와 국가의 지배자 그리고 목사가 그들의 역할에 따르는 권세는 무엇인지 논의한다. 모든 합법적인 권세는 실제로 그 소명 속에 존재하시는 하나님으로부터 온 것이라는 점은 사실이다. 그러나 이 관계를 순종의 문제로 환원하여 생각하는 것은, 소명 원리는 복음의 문제이기도 한데, 율법으로만 해석하는 것이다. 그리스도인에게 소명의 목적에 관한 본질은(하나님의 활동을 위한 도구로써 그 소명을 가진 각 사람의 관점에서 볼 때) 사랑과 섬김이다.

소명의 기능을 잘 수행하는 가정에서의 부모는 자녀들을 사랑하고 섬긴다. 또한 자녀들도 부모를 사랑하고 섬긴다. 아내는 남편을 사랑하고 섬긴다. 남편은 아내를 사랑하고 섬긴다. 그와 마찬가지로 고용주와 고용인, 지배자와 국민, 목사와 성도도 서로 사랑하고 섬긴다.

어떤 소명에는 권세가 있기 때문에, 일반적으로 그러한 소명을 가진 사람은 권세를 요구할 필요가 없다. 이미 가지고 있기 때문에 굳이 요구해야 할 이유는 없다. 그들의 권세는, 그들이 혹은 그들의 대상이 싫어하든 좋아하든 간에 현실이다. 아내와 남편에 관해 이야기된 점들은 어쩌면 부모와 자녀 관계에도, 고용주와 고용인 관계에도,

지배자와 국민 관계에도 그대로 적용된다. 권세에 대한 인식은, 받고 있는 사랑과 섬김에 대한 반응으로 나타난다. 자녀들은 부모가 그들을 사랑하는 것을 알기 때문에 기꺼이 순종한다. 만약 지배자가 국민을 위해 일한다면, 국민들은 더욱 자진해서 지배자에게 순종할 것이다.

가정의 소명 안에서도 죄를 짓는다는 점을 확실히 하기 위하여, 루터는 대교리문답서에서 부모의 권세(다른 세상적인 지배자의 권세 포함)를 설명한 다음, 즉시 그들에게 임무를 부여한다. "모든 사람들은 하나님이 마치 우리 자신의 기쁨과 즐거움을 위하여 우리에게 자녀를 주신 것처럼 행동한다. 자녀들이 무엇을 배우고, 어떻게 살아가는지는 전혀 우리의 관심사가 아닌 양 마음내키는 대로 그들을 다루라고 주신 것처럼 행동한다." 권세는 우리의 보살핌을 받는 사람들에 대한 의무를 수반한다. 섬김을 받는다는 것만이 중요한 것이 아니라, 섬기는 방식도 중요하다"(마 20:25-28 참조).

부모는 그들의 자녀에 대한 의무를 태만히 하거나, 그들을 망쳐놓거나 혹은 잔인하게 대하라고 그 고결한 역할로 부름을 받은 것은 아니다. 하나님은 여자를 지배하고, 마음대로 대하라고 남자에게 아내를 주시며 복을 준 것은 아니다. 여성은 자신의 아이를 낙태해 버리라고 어머니로 부름을 받은 것은 아니다. 아동 학대, 정신적 잔임함, 의무 태만, 냉혹함, 가정 폭력, 자녀를 노엽게 함(엡 6:4), 이 모든 것은 가정을 위한 하나님의 뜻과는 아무런 관련도 없으며, 가정의 소명에 거스르는 죄이다.

부모는 그들의 자녀에게 복이다. 자녀는 그들의 부모에게 복이다. 남편은 그의 아내에게 복이다. 하나님의 선물이라는 보배는 세상적인 도구(타락하고 결점 많은 우리 자신의 육체)에 담겨있지만(고후 4:7), 하나님께서는 가정에 심어 주신 사람을 통하여 사랑을 계속 부어 주신다.

7

시민으로서의 소명

    2001년 9월 11일, 테러리스트들이 미국을 공격했을 때, 전국적으로 애국심의 파도가 일었다. 출신 배경과 종교가 각기 다른 모든 미국인들은 잔인하게 죽음을 당한 동료 시민들과 하나가 되는 연대감을 느꼈다. 대통령은 전국가적인 기도를 선포했고, 그 주간 동안 전국의 교회는 사람들로 넘쳤다. 모든 건물과 주택에 미국의 국기가 게양되었고, 사람들은 "하나님이시여, 우리나라를 축복하소서" 하며 찬양과 기도를 하기 시작했다.

    이것이 잘못된 것일까? 일부 그리스도인들은 긍정적인 느낌에 사로잡혀 있는 동안에도 불편함을 느껴야 했다.

그리스도인들은 애국자이어야만 하는가? 휘날리는 모든 국기는 우상숭배적인 것은 아닌가? 많은 사람들은, 미국을 공격하여 수많은 무고한 사람들을 살해한 적들에게 보복하는 것은 정당하다고 느끼지만, 그리스도인은 용서해야 하는 것이 아닌가? 전국에서 많은 사람들이 대통령과 군부軍部 주위에 몰려들었지만, 어떤 그리스도인들은 세상적인 권력이 삶과 죽음의 권세까지 가지는지 의심스러워 했다. 그리고 부시 대통령을 옹호했던 일부 그리스도인들은 그의 전임자의 전례를 따르는 데 어려움을 느꼈다.

국가와 교회의 문제는 법률적으로만이 아니라, 그리스도인들의 개인적 인생에서도 꼭 들어맞기는 어렵다. 국가와 교회는 어느 범위까지 서로 지원하고, 어느 범위까지 서로 상치해야 하는가?

어떤 그리스도인들은 세상적인 국가에 충성하는 데 대해 죄책감을 느낀다. 그들은 "우리는 진정한 기독교 국가에 살고 있지 않다"라고 말하는데, 그것은 단지 개인적으로만 신앙을 가질 수 있기 때문이다. 또한 '애국심'이라는 시민의 종교는 믿음으로 구원을 받는 종교와는 다르다. 그들은 국기에 대한 경례나 혹은 교회에 국기를 달아 놓는 것이 우상 숭배는 아닌지 걱정한다. 그들은 자연스러운 자신의 국가에 대한 사랑이 걱정해야 할 그 무엇은 아닌지 신중히 살펴본다. 그리스도인들은 낯선 땅의 나그네들이다. 그리고 만약 그들이 한 국가 혹은 한 정부에서 일하게 되었다면, 그들은 비판하는 사람이 되어야만 하는 것은 아닌가? 왕을 꾸짖는 선지자의 역할을 수행해야만 하는 것은 아닌가?

그러나 현상을 비판하고 더 나은 상태로 이끌려하는 것도 문제가 된다. 만약 그리스도인들이 하나님의 율법을 굳게 지킬 수 있다면, 비그리스도인들은 어떻게 그것에 순종할 수 있겠는가? 그리스도인들은 그들의 믿음에 근거하여 낙태는 옳지 않다고 믿을 수도 있다. 그러나 이러한 주장을 어떻게 세상적인 다른 신앙을 가진 다원주의 사회 사람들에게 강요할 수 있겠는가? 어떤 그리스도인들은 미국은 기독교 국가이며, 만약 그렇지 않다면 기독교 국가로 만들어야 할 필요가 있다고 주장한다.

여기에서도 소명 원리는 국가와 교회라는 껄끄러운 문제를 정리하는 데 도움이 된다. 특정한 국가의 국민이 되었다는 것은 신성한 소명이다. 하나님은 정부를 통해 일하시고, 문화적인 제도 안에 숨어 계신다. 그러므로 그분의 율법은 결속시키는 힘이 있다. 그분을 모르는 사람들에게까지도 마찬가지이다. 하나님은 그 사람들 안에도 숨어 계시며 활동하신다. 그렇지만 국가는 교회의 대리가 아니며, 또한 교회와 혼동해서도 안 된다. 그러나 그리스도인들은 모든 점에서 좋은 시민이 되어야 하는 소명을 가진다. 우리는 국가를 지배하는 세상적인 권세의 배후에서 떠오르는 하나님의 권세를 본다. 이것은 우리가 지배자에게 복종해야 하는 것을 의미한다. 그러나 민주공화국에서 궁극적인 지배자는 역할을 맡은 사람이 아니라, 그들을 뽑아 주고, 또 그들이 책임을 져야만 하는 시민이다. 그러므로 시민은 지배자이면서 동시에 피지배자라는 이례적인 소명을 가진다.

모든 국가, 인종, 사람들로부터

그리스도인들은 비그리스도인들과 함께 하나의 공동체 안에서 살고 있다. 우리들은 일반적으로 믿지 않는 사람들과 함께 일할 뿐만 아니라, 그들과 함께 한 나라의 국민을 이룬다. 우리들은 이웃의 비그리스도인들과 똑같은 국민으로서의 책임을 지닌다. 투표, 정치의 참여, 대의大義를 위한 토론, 그리고 더 좋은 사회 건설을 위한 노력—이 모든 것은 좋은 국민이 되기 위한 소명으로서의 한 부분들이다. 군복무, 국기에 대한 맹세, 조국에 대한 사랑, 그 외에 여러 가지 국민으로서의 활동도 그리스도인 소명의 한 부분이다.

나는 미국인의 관점에서 이러한 주장을 펼친다. 그러나 다른 국가의 국민들에게도 분명히 적용된다. 다른 국가 혹은 다른 문화권의 그리스도인도, 그들의 국가에 좋은 국민으로서 소명을 가졌다. 신앙으로 인해 처형당할지도 모르는 전제국에서 살아가는 그리스도인들에게 주어지는 임무는 더욱 어렵다. 그러나 그런 나라에서도 그들은 국민으로서 소명을 가진다.

사람들은 그들의 문화에 의해 형성되는 것이 분명하다. 한 사람의 생각과 행동, 가족의 연대, 사회적 습관 그리고 한 개인의 정체성은 그 사람이 속한 문화에 의해 형성된다. 하나님은 인간을 형성하기 위해 사회적인 제도를 사용하신다. 문화는 사람들이 이루었고, 다양한 수준에서 죄에 물들기는 했지만, 하나님은 그것을 통해 악을 누르고, 당신의 피조물들에게 필요한 것을 제공하신다는 것은 분명하다.

하나님의 율법은 사람들 내면에 세워진다. "율법 없는

이방인이 본성으로 율법의 일을 행할 때에는 이 사람은 율법이 없어도 자기가 자기에게 율법이 되나니 이런 이들은 그 양심이 증거가 되어 그 생각들이 서로 혹은 고발하며 혹은 변명하여 그 마음에 새긴 율법의 행위를 나타내느니라"(롬 2:14-15). 바울은 이방인들은 하나님이 그들에게 보여 주신 율법을 완전하게 가지지 못했다고 말한다. 그러므로 그들에게는 하나님의 말씀(유태인에게 전해진 성경)이 필요하다. 그러나 그들은 양심의 소리를 듣는 인간이다. 그들에게는 '그들의 마음에 새긴' 도덕적 기준이 있다. 그러므로 그들은 자신의 '양심'을 지키기 위해 노력한다. 그들은 가끔 '본성'에 의해 도덕적으로 올바른 일을 한다. 하나님은 율법을 인간의 마음에 심어 놓았기 때문이다.

그러나 모든 사람이 이 자연의 법칙을 지킴으로써 하나님 앞에서도 올바를 수는 없다. 만약 그들이 그 법을 계속 지킬 수 있다면, 그런 존재가 될 수도 있다. 그러나 그렇게 할 수 있는 사람은 없다. 이 우주의 자연의 법칙과 양심은 모든 죄인에게 아무런 법도 제공하지 않는다(롬 2:1). 모든 문화권의 사람들은, 이방인도 유태인도, 복음을 통하여 유효하게 된 용서받음을 필요로 한다. 그러나 율법은, 하나님을 모르는 사회에서도 그 안에서 활동한다.

종교개혁가들은 율법의 세 가지 효과에 대해 말했다. 첫째, 사람들이 서로 싸우지 않고 공존하기 위해 죄인들의 악을 억제하는 효과(시민에 대한 효과)가 있다. 둘째, 사람들이 자신의 죄를 인식하고 회개와 복음의 필요성을 깨닫도록 하는 효과(신학적인 효과)가 있다. 셋째, 사람들이 하나님의 뜻에 맞게 살아가도록 인도하는 효과(교훈적인 효과)가 바로 그것이다. 그러므로 율법이 시민에게 미치는 효과는, 기독교 문화이든 그렇지 않든 간에, 모든 문화에 적용이 된다.

오늘날의 문화 비교주의 환경에서 가끔 도덕성은 문화와 관련되기에, 각 사회에 따라 다르다고 이야기한다. 도덕적 절대성이란 없고, 각기 다른 문화의 실현일 뿐이라고 말한다. 그러나 사실은, 다른 문화적 실행에도 불구하고, 여러 문화가 의견을 같이 하는 몇 가지 중의 하나가 객관적인 도덕성이다. 모든 진정한 문화에는 성性의 금기가 있다. 모든 문화에는 도둑질과 살인에 대한 법이 있다. 모든 문화가 우리가 말하는 '가정의 가치'를 열정적으로 보호한다. 루이스C. S. Lewis는 그의 저서 『인간 폐지The Abolition of Man』에서 각기 다른 문화를 윤리적 원칙으로 완성하며, 도덕법의 일반성을 보여 주었다. 이러한 윤리적 절대성에 의문을 제기하는 것은 오직 우리 자신의 서구의 포스트모더니즘뿐이다. 진정한 복합문화주의multiculturalism는 절대로 그러지 않는다.

오늘날의 문화는 절대적 도덕성의 가치에 대해 회의적이다. 그러나 자신의 권리를 주장하는 면에서는 다들 '절대주의자'가 되는 모습을 볼 때, 자신에게 거짓말을 하고 있다는 인상도 받는다. 적어도 이러한 상황은 우리의 문화 속에 죄가 깊이 자리잡고 있으며, 이 땅의 시민이라면 마땅히 싸워야 할 도덕적인 문제가 있음을 상기시켜 준다. 그리고 그러한 죄에 도전하는 것은 시민의 의무이다. 예를 들어, 영아 살해는 고대 그리스에서도 현대 중국에서도 행해지고 있고, 낙태를 합법화한 서구 민주국가에서도 행해진다. 하지만 그것은 커다란 악이다. 어떤 문화권이든, 또 각각의 문화에서 강조하는 미덕이 무엇이든 간에 커다란 악이다. 그러한 사회에 속한 시민이라면, 문화 그 자체의 선善을 위하여, 그 제도적인 악을 변화시키기 위해 노력해야 한다.

우리 사회에서는, 가끔 그리스도인들을 잠잠하게 하려는 시도가 행해진다. 그리스도인들이 도덕적인 확신에 따라 사회의 악을 응징하려는 것을 막으려고 한다. 그들은 이렇게 말한다.

"당신들의 종교는 낙태는 나쁘다고 합니다. 그러나 다른 종교를 믿는 사람들은 생명의 시작에 대해 다른 의견을 가집니다. 그러므로 당신들은 낙태 문제에 대해 당신들의 믿음을 다른 사람에게 강요할 권리는 없습니다."

그러나 자궁 속의 아기를 살해하는 것이 잘못 되었다는 믿음 그 자체는 그리스도인들의 종교적인 믿음의 한 부분이 아니다. 그것은 신학적인 이론이 아니고, 도덕이고 원칙이다. 그 믿음은 그리스도인에게나 비그리스도인에게나 똑같이 우리 모든 사회에 적용된다.

어떤 사람이 그리스도인이 된다는 것은 특정한 몇몇의 도덕적인 믿음을 가지기 때문은 아니다. 그것은 누구에게도 강요할 수 없는 예수 그리스도에 대한 믿음 때문이다. 그리스도인이 되는 것은 올바르게 행동한다는 점이 문제가 되는 것이 아니라, 그릇된 행동에 대해 용서를 받는다는 것이 중요하다. 그러나 모든 사회, 문화의 도덕은 모든 사람들에게 적용된다. 그리스도인들이 사회 정의를 위해 부패에 맞서 싸우고, 태아를 지키고, 포르노그래피와 성적인 비도덕성에 맞서 싸우는 것은 올바른 일이다. 그러나 그 자체는 종교적 문제가 아니라, 도덕적 문제이다.

시민으로서의 소명을 다하려는 그리스도인은, 법의 올바른 사용을 적극 지지해야 한다. 그들은 잘못을 저지르기 쉬운 양심만이 아니라 하나님의 말씀을 가졌기에, 이 법을 더욱 명확하게 이해한다. 때문에 도덕적 행동주의자가 되는 경향을 보인다. 이것은 기독교 시민으로서 그들의 소명의 한 부분이다. 그러나 그들은 도덕적 행동 혹은 정치적 행동과 복음을 온 세상에 전해야 하는 영적인 면에서 그들은 그리스도인으로서의 소명을 혼동해서는 안 된다.

이 세상의 대부분의 종교들과는 달리, 기독교는 문화적 종교가 아니다. 이슬람과 힌두교는 아라비아 혹은 인도의 복장의 형태, 음식의 종류, 사회적 관습을 규정하는 종교이며 또 문화이다. 이것은 그리스도께서 제자들에게 주신 지상 최대 명령Christ's Great Commision에서 확인된다.

> "그러므로 너희는 가서 모든 민족을 제자로 삼아 아버지와 아들과 성령의 이름으로 세례를 베풀고 내가 너희에게 분부한 모든 것을 가르쳐 지키게 하라"(마 28:19-20)

성령께서 처음으로 강림한 것은 성령강림주일임이 명

백하다. 그리고 복음의 메시지는 "바대인과 메대인과 엘람인과 또 메소보다미아, 유대와 갑바도기아, 본도와 아시아, 브루기아와 밤빌리아, 애굽과 및 구레네에 가까운 리비야 여러 지방에 사는 사람들과 로마로부터 온 나그네 곧 유대인과 유대교에 들어온 사람들과 그레데인과 아라비아인들이라 우리가 다 우리의 각 언어로 하나님의 큰 일을 말함을 듣는도다"(행 2:9-11). 그리고 하늘나라 그곳은 이렇게 된다. "각 나라와 족속과 백성과 방언에서 아무도 능히 셀 수 없는 큰 무리가 흰 옷을 입고 손에 종려 가지를 들고 보좌 앞과 어린 양 앞에 서서 …"(계 7:9).

그러므로 하늘나라에는 히스패닉계 그리스도인들, 중국의 그리스도인들, 나이지리아의 그리스도인들, 남아프리카 공화국의 그리스도인들, 아랍의 그리스도인들, 대한민국과 일본의 그리스도인들, 북아프리카, 러시아, 스웨덴 그리고 뉴기니아의 여러 종족들 중에서의 그리스도인들 등 모든 국가 모든 종족의 그리스도인들이 어린 양 앞에 서게 된다. 그들 모두는 그리스도의 나라의 시민이다. 그리고 각각의 나라의 나머지 시민들도 마찬가지이다. 하나님은 모두를 소중하게 여기신다.

정부의 소명

하나님은 사람을 창조하시며, 다른 사람들과 관계를 맺고, 사회와 국가를 세우도록 하셨다. 그리스도인들은 하나님이 각자에게 소명의 한 부분으로 살게 해주신 각자의 문화에 포함되고, 또 책임을 진다. 또한 인간 사회는 정부, 공적인 법, 지배하는 권력을 필요로 한다. 세상적인 권세의 이러한 역할을 충실히 수행하는 것은 진실로 그리스도인들에게도 가치 있는 소명이다. 그리고 우리 그리스도인 시민은 그들에게 복종하는 성경적 소명도 가진다.

우리는 이미 모든 소명과 관련하여 하나님께서 어떻게 세상의 정부에 숨어 계신지를 상세히 설명해 주는 로마서 13장을 살펴보았다(2장). 이와 관련해서 그 성경을 다시 한번 살펴보는 것은 큰 도움이 된다.

"각 사람은 위에 있는 권세들에게 복종하라 권세는 하나님으로부터 나지 않음이 없나니 모든 권세는 다 하나님께서 정하신 바라 그러므로 권세를 거스르는 자는 하나님의 명을 거스름이니 거스르는 자들은 심판을 자취하리라 다스리는 자들은 선한 일에 대하여 두려움이 되지 않고 악한 일에 대하여 되나니 네가 권세를 두려워하지 아니하려느냐 선을 행하라 그리하면 그에게 칭찬을 받으리라 그는 하나님의 사역자가 되어 네게 선을 베푸는 자니라 그러나 네가 악을 행하거든 두려워하라 그가 공연히 칼을 가지지 아니하였으니 곧 하나님의 사역자가 되어 악을 행하는 자에게 진노하심을 따라 보응하는 자니라 그러므로 복종하지 아니할 수 없으니 진노를 때문에 할 것이 아니라 양심을 따라 할 것이라 너희가 조세를 바치는 것도 이로 말미암음이라 그들이 하나님의 일꾼이 되어 바로 이 일에 항상 힘쓰느니라"(롬 13:1-6)

정확하게 말하면, 하나님은 절대적인 권세를 주장하시는 유일하신 분으로, 작은 역할에 따르는 권세도 하나님으로부터 나온다. 이 성경 말씀은 세상적인 정부의 목적으로부터, 악을 징벌하기 위해서라는 '칼을 가진' 목적을 말씀하신다. 나아가 권세자는 하나님의 하인, 하나님의 사역자라고 말씀하신다. 달리 말해 하나님이 농부라는 수단을 통하여 일용할 양식을 주시는 것처럼, 정부의 권세라는 수단을 통하여 악을 행하는 자들을 벌하시고, 법을 지키며 사는 사람들을 보호하신다.

루터의 핵심 저서 중 하나는 『군인들도 구원받을 수 있는가?』라는 소책자이다. 종교개혁 시대의 많은 그리스도인들은 성경을 처음 발견한 흥분 속에서, 우리는 원수도 사랑하라는 믿음을 굳게 지키며, 그리스도인들은 때에 따라서는 우리의 적을 죽이는 일도 서슴치 말아야 하는 군인이 되어서는 안 된다고 주장했다. 그리스도인들은 죄인들을 용서하라고 되어 있기 때문에, 때에 따라서는 죄인들을 벌해야 하는 판사가 되어서도 안 된다고 주장했다.

그에 대한 반응으로 루터는 하나님은 사람의 생명을 취하시는 것을, 혹은 죄인들을 벌하시는 것을 허용하시는지 물었다. 실제로 하나님은 그렇게 하신다. 루터는 하나님께서는 생명을 빼앗고 죄인들을 벌할 수 있는 군인 혹은 판사의 역할을 통해 일하신다는 믿음을 견지했다. 그리스도인들은 진실로 신성한 소명으로 부르심을 받으면, 그러한 역할을 맡을 수 있다. 그러므로 군인이 국가를 지키는 것은 그의 이웃을 사랑하는 것이다. 판사가 범죄자를 벌해 감옥에 가두거나 사형 집행인(그 역시 또다른 유효한 소명이다)에게 넘기는 것은, 이웃을 사랑하는 것이다. 그러나 이것은 우리의 적을 그리고 우리를 침해한 자를 용서하라는 명령을 위반하는 것이 아니다. 군인, 판사, 사형집행인은 그들의 개인적 삶에서는 그들의 원수를 진정으로 사랑하고 용서해야 한다. 그러나 그들의 소명에서는 그들의 역할에 의해, 그들은 칼을 가진 권세를 행해야 한다.

그러나 그러한 소명을 가지지 못한 사람들은 자신의 손으로 법을 집행할 수 없다. 로마서 13장 바로 앞의 성경에서, 사도 바울은 산상 설교에서와 같은 강한 용어로 죄인들을 용서해야만 하는 그리스도인의 의무를 말했다.

> "아무에게도 악을 악으로 갚지 말고 모든 사람 앞에서 선한 일을 도모하라 할 수 있거든 너희로서는 모든 사람으로 더불어 화목하라 내 사랑하는 자들아 너희가 친히 원수를 갚지 말고 하나님의 진노하심에 맡기라 기록되었으되 원수 갚는 것이 내게 있으니 내가 갚으리라고 주께서 말씀하시니라 네 원수가 주리거든 먹이고 목마르거든 마시게 하라 그리함으로 네가 숯불을 그 머리에 쌓아 놓으리라 악에게 지지 말고 선으로 악을 이기라" (롬 12:17-21)

우리는 개인적으로 복수하도록 되어 있지 않다. 우리는 그렇게 할 필요가 없다. 하나님께서 복수를 해주시기 때문이다. 그리고 바로 그 다음 말씀에서 하나님이 지배자의 소명을 통하여 어떻게 그리 하시는지 보여 준다. "하나님의 사역자가 되어 악을 행하는 자에게 진노하심을 따라 보응하는 자니라" (롬 13:4).

그러나 대부분의 일반적인 소명은 이 권세를 가지고 있지 않다. 누군가 우리에게 해를 입혔을 때, 우리는 잘못을 저지른 사람을 추적해야 할 필요가 없다. 경찰에 즉시 신고하면 된다. 아버지는 자신의 가정을 보호해야 할 소명을 가졌지만, 그리고 모든 시민은 악한 행동에 저항해야 하지만(펜실배니아에 추락했던 피납된 유나이티드 항공사 소속 여객기의 승객들이 보여 준 행동이 그 좋은 예이다), 한 개인으로서 지구촌의 테러리스트들을 법의 심판대로 보내는 것은 우리에게 맡겨진 역할이 아니다. 우리를 대리해 사법 당국과 군인들이 그 일을 맡는다.

소명을 벗어난 우리의 행동은 사회적 혼란을 야기시킬 수 있다는 점이 9월 11일 테러 사건 이후, 아랍인들과 회교 사원에 폭행을 가했던 일부 미국인들의 태도로 인해 명확해졌다. 그것은 죄이고 부당한 행동임이 분명했다. 판사가 한 사람의 시민으로 길을 가다 교차로에서 짜증나게 하는 이웃 사람이라 할지라도 그의 뺨을 후려갈길 수는 없다. 혹은 도로에서 말썽을 일으킨 그 사람에게 분노를 느껴 교도소로 가라고 명령할 수는 없다. 판사는 오직 법에 의해 권세를 부여받았을 때만, 자신의 역할을 수행할 수 있다. 경찰관, 군인, 대통령과 국회의원까지도, 그들이 행사할 권세의 범위와 한계를 규정한 객관적이고 공식적인 법에 따라 행동해야 한다. 그들의 권세는 그들에게가 아니라 그들의 역할에 속한다. 그리고 그들의 역할은 법의 기능이다.

하나님이 법을 가지시듯 국가도 법을 가진다는 점은 세상적인 영역에 숨어 계신다는 의미에서, 영적인 영역을 보여 주는 또다른 예이다. 이 두 가지 법은 같지 않다. 한 법은 세상적이고 사회적이지만, 하나님의 법은 초월과 도덕의 법이다. 그럼에도 이 두 가지 법은 관련이 있다. 인간의 법의 권세는 하나님의 법으로부터 나오기 때문이다.

자동차는 빨간 신호등이 켜졌을 때 교차로를 건너서는 안 된다는 법은, 물론 성경에는 기록되어 있지 않다. 시간의 제약과 관계되는(자동차와 전깃불의 발명과 관련) 그 법은 어느 면으로 보나 인간의 법이다. 그리고 초월의 진리라기보다는 관습의 문제이다(빨간색 신호등의 의미가 정지라는 것은 변경할 수 있는 합의이다. 합의만 하면 다른 어떤 색이든지 그 의미를 가질 수 있다). 종교를 가졌든 그렇지 않든 간에 다른 모든 시민들과 같이 그리스도인들도 법을 지켜야만 하는 의무가 있다. 그렇지 않으면 벌금 통지서를 받기 때문만이 아니라, 궁극적으로 그 법은 하나님의 법과 관련되어 있기 때문이다. 빨간 신호등이 켜지면 정지하라는 명령은 성경에 없다. 그러나 우리의 이웃을 사랑하라는 명령은 있다. 교통 법규에 따르면 차들이 서로 부딪히거나 사람이 죽거나 다치는 것을 예방할 수 있다. 그러므로 권세에 순종하는 것은 필수적이다. "복종하지 아니할 수 없으니 진노 때문에 할 것이 아니라 양심을 따라 할 것이라"(롬13:5).

살인과 도둑질에 대비한 법과 같은 인간의 법은 하나님의 법을 직접 증명해 준다. 교통 법규와 같은 다른 법들도 그들의 배후에 신성한 도덕적인 원칙이 있다. 그러나 하나님의 법은 인간의 법으로는 포함할 수 없는 것들까지 담고 있다. 인간의 법은 단지 외부로 나타난 행동을 규정한다. '법을 준수하는 시민'은 그 나라의 법과 '시민으로서의 의로움'에 따른 좋은 행동의 모범이 될 수는 있다. 그럼에도 그의 가슴은 하나님의 은혜를 필요로 하는 지독한 죄인의 가슴일 수 있다.

순종이라는 어려운 문제

로마서 13장은 많은 그리스도인들을 고민하게 한다. 우리는 항상 지배자에게 복종해야 하는 것일까? 그것은 우리가 지배자들을 비난해서는 안 된다는 의미일까? 이 문제는 그리스도인들이 사악하거나 혹은 독재적인 통치자들의 휘하에서 살아갈 때 특히 큰 어려움을 안겨 준다. 독일의 그리스도인들은 히틀러에게 복종해야만 했었고, 그의 살인마와 같은 신성을 모독하는 계략에 동참해야만 했었을까? 많은 사람들은 이 성경 말씀을 인용하며 '예'라고 대답한다.

그러나 그것은 일부 성경의 명령과는 직접적으로 모순되는 악의 정권이 만든 부당한 법률이었지 않은가? 예를 들어, 초대 교회에서 로마의 법은 시민들에게 황제를 신성하게 보이기 위해 향을 태우도록 요구했다. 혹은 최근 들어 많은 이슬람 국가들의 법은 회교도들이 기독교로 개종하는 것을 금지시킨다. 기독교 선교사들은 예수에 관해 말만 해도 사형 선고를 받을 수 있었다. 로마서 13장은 복음 전도를 금지시키는 지배자가 다스리는 나라에는 복음을 전해서는 안 된다는 의미일까?

지배자의 소명은 그의 백성들을 억누르는 것이 아님은 명백하다. 다시 말하지만 지배자의 목적은 그의 이웃을, 즉 그가 다스리는 백성을 사랑하고 섬기는 것이다. 그러므로 훌륭한 지도자는 백성의 선을 위하여 노력하는 사람이다. 구체적으로 말하면, 그 지배자는 그릇된 행동을 하는 사람을 징벌하여 하나님을 섬기고, 그의 백성들을 위한 선한 행동을 하는 것이다. "그는 하나님의 사역자가 되어 네게 선을 베푸는 자니라 그러나 네가 악을 행하거든 두려워하라 그가 공연히 칼을 가지지 아니하였으니 곧 하나님의 사역자가 되어 악을 행하는 자에게 진노하심을 따라 보응하는 자니라"(롬13:4).

선을 행하는 사람을 징벌하는 지배자는 그의 소명을 벗어난 행동을 하는 것임을 밝히는 말씀이 이 성경 구절 뒤에 이어서 나온다. 공연히 칼을 가진 자가 자신의 역할에 부적당한 방법이나 혹은 무관심으로 인해, 악을 벌하지 아니하는 것은 그의 소명을 게을리 하는 것이다. 자기 자신의 유익을 위하여 백성에게서 도둑질하고, 백성을 노예화하고, 자신의 변덕에 따른 만족을 얻기 위해 백성에게 복종을 강요하는 등으로 권세를 남용하는 지배자는 그들의 소명에 반反하는 죄를 짓는 것이다. 역설적으로, 하나님은 지배자들에게 백성을 이용하지 말고 그들을 '섬기라'고 명하신다. 지배자 역시 하나님의 하인이다. 어떤 지배자가 정말 하나님을 모른다 할지라도 사도 바울이 기록한 로마의 지배자의 경우와 마찬가지로, 지배자의 소명은 '하나님의 하인'이라는 것을 인식해야 할 필요가 있다. 지배자가 자신의 소명에 주어진 목적을 수행하지 않으며 하나님 섬기기를 거부하면, 그는 죄를 범한 자신의 태도에 대해 책임을 지게 된다.

지도자들이 항상 그의 역할을 수행하며 하나님의 계획에 따라 지배하는 것은 아니다. 죄는 모든 세상적인 제도를 더럽힌다. 성경에서는 사람에게 최고의 법적 권한이 주어졌을 때의 남용에 관하여 경고를 한다. 많은 나라들 중에서 선택되어 하나님의 법에 직접적으로 지배를 받는 것에 싫증이 난 이스라엘의 장로들은, 다른 문화권의 나라들과 같이, 그들 자신만의 인간적인 제도를 가지기를 원했다. 그리하여 그들은 사무엘에게 "모든 나라와 같이 우리에게 왕을 세워 우리를 다스리게 하소서"(삼상 8:5). 그 선지자는 그들에게 어떤 일이 일어날지 경고한다.

"이르되 너희를 다스릴 왕의 제도는 이러하니라 그가 너희 아들들을 데려다가 그의 병거와 말을 어거하게 하리니 그들이 그 병거 앞에서 달릴 것이며 그가 또 너희의 아들들을 천부장과 오십부장을 삼을 것이며 자기 밭을 갈게 하고 자기 추수를 하게 할 것이며 자기 무기와 병거의 장비도 만들게 할 것이며 그가 또 너희의 딸들을 데려다가 향료 만드는 자와 요리하는 자와 떡 굽는 자로 삼을 것이며 그가 또 너희의 밭과 포도원과 감람원에서 제일 좋은 것을 가져다가 자기의 신하들에게 줄 것이며 그가 또 너희의 곡식과 포도원 소산의 십일조를 거두어 자기의 관리와 신하에게 줄 것이며 그가 또 너희의 노비와 가장 아름다운 소년과 나귀들을 끌어다가 자기 일을 시킬 것이며 너희의 양떼의 십분 일을 거두어 가리니 너희가 그의 종이 될 것이라 그 날에 너희는 너희가 택한 왕으로 말미암아 부르짖되 그 날에 여호와께서 너희에게 응답하지 아니하시리라"

(삼상 8:11-18)

그럼에도 불구하고, 사람들은 왕을 모시기를 원했고, 그에 따라 사무엘은 하나님의 명령과 선택에 의해(삼상 8:22, 9:15-17) 사울을 그들의 왕으로 지명했다. 결국 사울의 지배는 실패였다. 대부분의 그의 후계자들도 마찬가지였다. 그리고 그들의 왕이 백성을 괴롭힐 것이라는 사무엘의 예언은 그대로 적중했다. 그럼에도 불구하고, 그 왕들의 역할은 하나님에 의해 확립되었다. 그리고 하나님은 그 왕들의 역할을 그분의 목적(성전 건축에서부터 시작하여, 만왕의 왕이신 예수 그리스도에 이르러 최고조에 달하는 왕가의 계보를 확립하셨다)을 위하여 사용하셨다.

구약 성경의 많은 부분은 합법적인 왕에 대한(그들의 우상 숭배, 과부와 고아에 대한 억누름, 그리고 그들의 하나님의 법을 위반한 데 관한) 선지자들의 날카로운 비난으로 이루어져 있다. 이스라엘과 유다의 왕은 지고하신 하나님의 율법 아래 있었기에, 그들의 불의함은 비난의 대상이 되었다. 이 점은 고대 사회의 '모든 나라'의 왕들이 차지하고 있던 지위와 큰 대조를 이룬다. 가나안과 이집트 그리고 그 시대의 다른 문화권의 왕들은 신과 같은 존재였다. 파라오는 태양신의 직계 후손이라고 믿었다. 왕은 단순한 인간의 지배자가 아니라 실제로는 신과 같은 존재였다. 왕 그 자신이 법의 원천이었던 것은 바로 이러한 이유에서였다.

허버트 슈나이도Herbert Schneidau가 지적한 바와 같이, 군주를 비난한다는 것은 개념 그 자체가 불가능했다. 왕 위에 존재하는 도덕적으로 참고할 수 있는 전형典型이 없었다. 왕 그 자신을 혹은 왕의 명령을 판단하기 위한 기준이 없었다. 이방인들의 종교에서는 자연, 문화, 정치적 구조와 신이 모두가 하나였다. 슈나이도는 그의 저서 『성스러운 불만: 성경과 서구의 전통Sacred Discontent: The Bible and Western Tradition』에서, 모든 것을 초월하시는 하나님의 권세 아래 왕을 둔 히브리의 전통은, 사회적 비판과 사회적 변화를 가능하게 해주었다는 점을 지적했다.

그럼에도 성경은 권세를 옹호한다. "왕을 존대하라." 사도 바울은 로마서 13장의 원칙을 반복해서 말한다. "인간의 모든 제도를 주를 위하여 순종하되 혹은 위에 있는 왕이나 혹은 그가 악행하는 자를 징벌하고 선행하는 자를 포상하기 위하여 보낸 총독에게 하라 … 하나님을 두려워하며 왕을 존대하라"(벧전 2:13-17). "왕의 마음이 여호와의 손에 있음이 마치 봇물과 같아서 그가 임의로 인도하시느니라"(잠 21:1). 여기서 우리는 다시 한번 하나님의 뜻이 지배자의 소명을 통해 어떻게 이루시는지 정확한 비유를 통해 보게 된다.

그러므로 우리는 역설을 안게 된다. 지배자들에게 복종을 해야 한다. 그렇지만 그들 자신도 높으신 하나님의 법에 복종해야 한다. 왕은 율법 아래 존재한다는 이론은, 서구 문명에 심오한 영향을 끼쳤다. 스탠톤 에반스Stanton

Evans는 그의 저서 『주제는 자유이다 The Theme Is Freedom』에서 정치적 자유의 이론과 실천이 왕들의 위치를 제한한다는 것이 성경에서 나왔음을 보여 준다. 한걸음 더 나아가 초대 교회로부터 중세를 통하여 미국 공화국의 기초가 되기까지의 기독교 전통도 보여 준다. 왕들은 하나님의 율법의 구속을 받을 뿐만 아니라 그들 자신이 속해 있는 정부의 법에도 구속을 받는다.

다시 말하지만 지배자를 세우는 것은 한 사람에게 그 역할을 맡기고, 그 역할에 권세를 주는 것은 법이다. 지배 권세에 복종할 것을 요구하는 신약 성경의 말씀은 그 당시의 로마 제국 전체로 그 범위를 넓혔던 로마법에 관련된 말씀이다. 모든 로마 황제들의 독재에도 불구하고, 로마가 끼친 여러 가지 공헌 중 하나는 법의 제도였다. 오늘날까지도 여러 면에서 영향을 미치는 부동산법으로부터 법에 규정된 시민의 권리에 이르기까지 법의 제도는 로마의 법을 기반으로 하여 세워졌다. 로마법은 위대한 성취였다. 제도화된 정의의 표본이다.

로마 공화국은 군중 선동가들에 의해 조작되던 그리스 도시 국가들에서 시작된 순수 민주주의의 문제를 대의代議 정부라는 제도를 고안함으로써 해결했다. 국민을 대표하는 원로원을 두고, 국민의 권리는 호민관이라는 특별한 존재에 의해 보호받는 제도였다. 그 후 공화국은 황제에 의해 강탈당하지만, 원로원은 지역 문제에서 계속 기능을 발휘했고, 새로운 황제를 승인하는 권한도 가졌다. 황제는 독자적으로 법을 제정하고, 그들 자신을 위한 신성한 지위를 주장하여, 다른 이방 문화를 따르는 상태로의 복귀를 시도했다. 그러나 로마법은 독자적으로 움직이며 기름칠이 잘 된 기계처럼, 계속해서 기능을 발휘했고, 제국의 확장과 함께 유럽과 지중해 세계로까지 확장되었다.

로마법의 우월성은 야만족의 무법無法에 비하면 얼마나 우월했는지 성경에서 명확하게 나타난다. 그리하여 사도 바울은 로마 시민으로서 그의 권리를(그리고 그의 소명을) 호소한다. 그는 예루살렘에서 폭도들에게 공격을 받았고, 로마 주둔군의 사령관은 그를 보호해 주었다. 어쨌든 그는 채찍질을 당하게 되자, 하급 관리의 횡포에 대항하여 천부장에게 이렇게 묻는다. "너희가 로마 시민 된 자를 죄도 정하지 아니하고 채찍질할 수 있느냐?"라고 묻는다. 시민 됨을 포함하는 소명은 의무만이 아니라, 특정한 벌에 대한 면책성과 법으로부터 충분한 보호를 받을 수 있는 권리를 가진다. "심문하려던 사람들이 곧 그에게서 물러가고, 천부장도 그가 로마 시민인 줄 알고 또 그 결박한 것 때문에 두려워하니라"(행 22:25-29).

일반적으로, 법이 없어서 일어나는 혼란보다 법이 있는 사회가 좋다. 황제, 왕, 대통령, 총리, 시장 혹은 매우 다양한 계급의 판사, 경찰관, 지방 관리 등, 정부 내에서 권력을 행사하는 지배자들의 소명은 공식적이고 엄정한 법적인 진행에 의해 이루어진다. 각각의 역할을 맡기 위한 표시로 선서를 하고, 임명 절차를 거치는 것도 일반적이다. 미국에서는 그러한 역할을 맡기 위해서 가끔은 성경에 손을 올려놓고, 제도를 지지하고, 방어하겠다는 선서를 해야 한다. 그것은 미국의 통치자들이 자신을 법의 권세 아래 놓아두어야 한다는 의미이다. 다른 나라에도 일반적으로 이와 비슷한 제도가 있다. 유럽의 왕들은 교회의 사자使者에 의해 임명되었다. 로마 황제는 원로원의 승인을 받아야만 했다.

이와는 대조적으로, 독재자는 무력으로 권력을 휘어잡은 자이다. 왕을 몰아내고, 자신들에 대한 반대파를 감옥에 잡아 넣고 아프가니스탄을 지배했던 탈레반 정권은 국민에 의해 선출된 정권이 아니다. 혁명은 합법적일 수도 있고 비합법적일 수도 있다. 프랑스의 혁명당원들은 그들의 지배자를 단두대로 보내고, 법을 폐지하고, 무력으로 새로운 법 제도를 실시했다. 공산당 혁명과 나치 혁명은 비합법적인 정권을 수립했다. 그러므로 그 어떤 유효한 권세도 결여되어 있다.

이와는 대조적으로 미국 혁명은 의회 대의정치의 필수성과 영국의 법에서 찾아볼 수 있는 시민의 권리를 근거로 법제도를 세우려 했다. 그리고 미국 혁명은 영국 왕이 식민지의 독립을 선언한 파리 조약 이후에 확고해졌다(혁명은 로마서 13장의 말씀을 위반한 것이기에, 미국 정부는 합법적이지 못하다고 생각하는 그리스도인들은 걱정할 필요가 없다. 통치자 자신이 미국의 합법성에 법적인 정당성을 부여하는 문서에 서명을 했기 때문이다).

그렇다면 권세에 대한 불순종이 옳은 때는 언제인가? 거의 모든 경우 그리스도인들은 베드로의 말씀과 같이, "인간의 모든 제도를 주를 위하여 순종해야 한다"(벧전 2:13). 그러나 가끔 지배자가 자신의 국가의 법 혹은 높으신 하나님의 법을 위반하고 자신의 권세를 벗어난 행동으로 지배하는 경우가 있다. 이런 경우 지배자는 더 이상 그들의 권세를 위한 기반을 가지지 못한다. 그들은 자신의 소명을 벗어나서 행동을 한 것이다. 가끔 정부는 하나님의 법을 위반하는 법률을 통과시키기도 한다. 그러한 법은 신성한 권세를 주장할 수 없다.

소명 원리는 인간의 지배자와 사회적 현상의 각각의 역할을 신성하게 재가해 주었다는 비판을 받지만, 소명을 믿는 자들은 그들 자신이 위에서 살펴본 혁명의 선동자들은 아니었다. 종교개혁가들은 시민에게 그들의 지배자에 대한 복종의 의무를 강조하는 한편으로, 황제에 대항한 루터의 원칙을 제도화하도록 이끌고, 영국의 청교도들에게 그들의 왕을 타도하도록 영감을 주었다. 이 개혁 혁명은 법에 따라 나타났다.

오래 전에 제정되었던 귀족들의 권리는 황제에 의해 위반되었고, 마그나카르타(대헌장)에 의해 제정되었던 의회의 권위는 찰스 1세 황제에게 위협당했던 것이다. 영국 청교도들은 왕궁을 습격한 신정주의神政主義 폭도들이 아니었다. 그들은 정당하게 선출된 의회의 대표들이었다. 왕을 처형하기까지 한 그들의 행동은 지나친 것이었다 할지라도, 그들은 걷잡을 수 없는 흥분에 사로잡혀 왕의 사지를 찢지는 않았다. 그들은 왕을 반역에 못지 않은 백성과 대항하여 전쟁을 벌였다는 죄로 재판했다. 소작농들과 반역자들에 의해 야기된 진정한 혼돈은, 종교개혁 시대의 군주들이 자신들의 신학자들의 요구에 따라 무자비하게(정말로 무자비하게) 진압되었다.

종교개혁가들의 신앙 고백문에는 다음과 같은 글도 포함되어 있다. "그리스도인들은 죄를 지으라고 명령하는 경우만 제외하고 판사와 그 법에 복종해야 할 의무를 가진다. 그것은 사람에게보다 하나님께 더 크게 복종해야 하는 의무를 가지기 때문이다"("아우크스부르크 신앙고백 Augsburg Confession" 16항). 제자들은 법에 의해 복음의 설교가 금지되자 이렇게 대답했다. "우리는 사람보다는 하나님께 복종해야만 됩니다." 루터는 권세에 불복종하는 것이 필수적일 때면, 그리스도인은 기꺼이 징벌을 받아들여야 한다고 믿었다. 많은 지도자들이 성경 번역을 사형시킬 수 있는 죄로 규정하고, '오직 그리스도를 통한 구원'이라는 복음의 전파를 금지시켰을 때, 그리스도인들은 하나님 없는 법에 순종하는 것보다 순교를 택했다. 그러나 그들은 자신들이 법을 어긴 데 대한 벌을 기꺼이 받으며, 그들의 목숨을 대가로 지배 권세에 항거했다.

자유 세계의 시민

이 세상에는 각각의 법을 가진 여러 부류의 나라가 있으며, 여러 스타일의 지배자(황제, 왕, 종족의 추장)가 있다. 그리스도인들은 그 모든 역할에 순종해야 한다. 그러나 또다른 스타일의 지배자가 있다. 미국과 다른 여러 민주 국가에서 찾아볼 수 있는 지배자이다. 여기에서 로마서 13장은 미국인들과 다른 민주 제도하에서 살고 있는 사람들에게 특별한 의미를 준다. 관리들은 우리의 위에서 지배하지 않는다. 오히려 우리가 지배 관리들을 선출한다. 궁극적으로는 우리가 지배하는 것이다. 민주 제도에서는 국민이 지배한다. 지도자들은 국민을 위해 책임을 져야만 한다. 국민은 선출된 대표를 통하여 그들 자신의 법을 실행하고 그들의 법에 의해 자치自治라는 임무를 부여 받는다.

미국 혹은 다른 자유 세계의 나라에서 살도록 부르심을 받은 축복받은 사람들은, 군주제인 국가에서 사는 사람들보다 더 복잡하고 많은 소명이 주어진다. 민주 사회의 시민은 변함없는 피지배자이다. 그러나 동시에 그들은 지배자이기도 하다.

미국 대통령은 진정으로 '지배의 권세'를 가진다. 미국 시민은 그 권세에 복종을 해야 한다. 하지만 그는 왕과는 본질적으로 다르다. 우리가 그의 역할에 복종해야 하는 것은, 그는 법을 시행하도록 되어 있기 때문이다. 그러나 그는 자신의 모든 명령에 우리의 복종을 요구할 수는 없다. 우리 제도는 그에게 그러한 권세를 주지 않았다. 또한 그는 법의 원천도 아니고 법의 해석자도 아니다. 사람들은 후보자들 중에서 대통령을 선택해 투표를 한다. 그러나 권세에 복종하는 것이 항상 그 사람에게 투표해야 한다는 것을 포함하지는 않는다. 또한 그 사람을 비판하는 것을 의미하지도 않는다. 우리의 법과 정치 제도에서는, 사람들이 대통령만이 아니라, 다른 선출직 관리들의 업무 수행을 평가해야 한다. 그렇게 하지 않으면 민주공화국을 지키는 것이 불가능하기 때문이다.

미국 시민으로 부르심을 받은 사람들은 그들의 정부에서 적극적으로 일부분을 담당하도록 로마서 13장의 의무를 받았다. 그리스도인들은 법에 복종해야 하고, 세금을 내야 하고, 그들을 지배하는 권세자에게 복종하고, 그를 위해 기도해야 한다(딤전2:2). 애국심에 차있고, 시민 의식에 따라 행동하는 것은, 하나님께서 그 나라와 또 그 나라의 시민이 되도록 부르신 사람들에게 내리신 축복에 대한 적절한 반응이다. 그러나 시민으로서의 소명에는 투표, 토론, 일반 대중에 바탕을 둔 민주주의, 시민의 행동 등 적극적인 활동이 포함된다.

법 개정을 위하여 활동하는 그리스도인이라면(그것이 관리를 비판하고 법을 개정하기 위해 노력한다는 의미라 할지라도) 그것은 그들의 시민으로서의 신성한 소명에 따른 행동이다. 선지자들과 같이, 관리 혹은 제도에 의해 굳어져 버린 사회적 악에 도전하는 그리스도인들은 그들의 시민으로서 신성한 소명에 따라 행동하는 것이다. 그리하여 그리스도인들은 지역 학교 운영위원회에서 토의하고, 청사 앞에서 시위를 벌이고, 선거 유세에 참여하고, 후보자들 중에서 그들의 신념을 가장 잘 반영해 줄 사람을 선택해야 한다.

이러한 점을 강조하는 것은 교회를 정치적 활동으로 돌려놓으려 하거나, 복음의 영적인 일을 국가의 정치적 무기로 돌려놓기 위해서는 아니다. 그리스도인들의 정치적 행동은 신앙의 소명이 아니라, 시민으로서의 소명 아래에서 가능하다. 그 두 가지 다른 소명을 혼동하지 않는 것은 매우 중요한 일이다. 그러나 그리스도인들은 그들의 정부

뿐 아니라, 문화 전체에 개입하라는 부르심을 받았다. 그들의 소명을 통해, 비록 사소한 변화일지라도 그들의 이웃을 위해 더 좋은 나라로 변화시킬 수 있도록 일해야 한다.

8

교회에서의 소명

우리 그리스도인은 가정에서, 일터에서, 우리가 속한 공동체에서 소명을 가진다. 이것들은 이 세상에서 우리들의 소명이다. 그러나 우리들은 영적인 가정에도 속해 있기에 영적인 임무도 가지고, 나아가 영적인 공동체의 한 부분이 된다. 즉 그리스도인들은 영적인 왕국이며 또 지역 기관인 교회에서도 소명이 있다.

오늘날의 많은 그리스도인들은 '제도적인 교회'에 크게 실망을 하고 있다. 그들은 교회의 결점과 연약함을 보며, 물질적인 면에서 전형적인 교회를 채우는 보통 사람들을 보며 혼란스러워 하고, 교회가 일을 해 가는 모습을 보며 실망한다. 그리고 교회는 너무 '비영적'이라고 생각한다. 많은 사람들은 완벽한 교회를 찾는 노력에 소진消盡하고 실패하여, 교회 없이도 신앙 생활을 할 수 있다고 생각하거나 교회를 비공식적인 성경 공부로 대치하거나 그들 자신을 교회 활동을 하는 조직에 던져 버린다. 어떤 사람들은 이제까지와는 전혀 다른 교회 활동을 하는 방식을 고안한다. 그러나 그러한 노력은 그들의 계획에 따른 또 다른 제도적인 교회를 만들 뿐이다.

어쨌든 지역 교회를 최소화하는 것은 커다란 잘못이다. 항상 그렇게 해오셨던 것처럼 그리스도는 이 땅에 있는 그분의 교회에 숨어 계신다. 단지 그분이 보이시지 않기에-화려하고 특별한 영적인 효과가 없기에, 혹은 교회에서 그분께 예배드리는 사람이 신앙적으로 특별한 존재가 아니라는 것 때문에-그분이 교회에 존재하시지 않는다는 의미는 아니다. 그분은 당신이 있으리라고 약속하셨던 곳(하나님의 말씀 속, 성례 안, 당신의 백성들 속)에 계신다. "두세 사람이 내 이름으로 모인 곳에는 나도 그들 중에 있느니라"(마 18:20).

그리스도께서는 매우 강력한 방식으로 목회자의 소명을 통해 일하신다. 그리스도께서는 당신의 교회를 활기차게 하신 것처럼, 교회 예배를 위해 일하도록 부르심을 받은 성도들을 통해서도 일하신다. 찬양대에서의 찬양, 장로로서의 섬김, 각 위원회에서의 활동, 주일학교의 교사, 식당 봉사, 안내위원 등의 일들은 사소하게 보일지라도, 각각의 섬김의 분야에서는 매우 중요하고, 전체 예배에 있어서는 커다란 복이다.

믿음으로의 부르심

그리스도인이 되는 것 그 자체가 소명이다. 다시 말해, 한 사람이 그리스도인이 되는 것은 하나님의 부르심을 받는 것이다.

"우리가 알거니와 하나님을 사랑하는 자 곧 그의 뜻대로 부르심을 입은 자들에게는 모든 것이 합력하여 선을 이루느니라 하나님이 미리 아신 자들을 또한 그 아들의 형상을 본받게 하기 위하여 미리 정하셨으니 이는 그로 많은 형제 중에서 맏아들이 되게 하려 하심이니라 또 미리 정하신 그들을 또한 부르시고 부르신 그들을 또한 의롭다 하시고 의롭다 하신 그들을 또한 영화롭게 하셨느니라"(롬 8:28-30)

하나님의 섭리에 따른 보살핌에 관한 말씀은 친근하고 또 자주 인용되었다. 그러나 이 본문 말씀에서 나머지 부분은 인용되지 않는 경향이 있었다. 그 무엇보다도 하나님은 "그 뜻대로 부르심을 입은 자들"의 선을 위하여 일하신다. 하나님께서 당신의 자녀들의 선을 위하여 일하신다는 약속은 소명과 관련이 있다. 하나님의 선하신 목적은 그분이 부르신 사람들을 통하여 이루어진다. 그 다음 성경 구절은 소명과 관련된 또다른 특별한 약속을 주신다. "또 미리 정하신 그들을 또한 부르시고 부르신 그들을 또한 의롭다 하시고." 여기에 그리스도인이 되기 위해 관련되는 모든 것이 들어있다. 미리 아시고, 미리 정하시고, 의롭다고 인정하시고, 영화롭게 하셨다. 이 모든 것을 별개가 아니라 함께 선물로 주셨다. 그리고 이 모든 것을 이어 주는 것은 '부르심'이다. 누구나 이 모든 것을 가지도록 부르심을 받았다.

여기에서 여러 가지 용어가 각기 다른 신학적인 전통에 따라 다르게 사용되었다. 그러나 여기에서는, 예를 들어 '미리 정하심'의 정확한 의미를 위한 논의를 하기에는 적절하지 않다. 각각의 용어를 떼어놓고 논의하는 것은 혼란에 빠져드는 이유가 된다. 예를 들어 어떤 사람들은, 과

연 자신들이 미리 정함을 받았는지 걱정한다. 그러나 이 성경은 그 모든 두려움을 없애 준다. 당신은 부르심을 받았는가? 그렇다면 의롭다 하심을 받았다. 당신은 부르심을 받았는가? 그렇다면 당신은 영화롭게 되고, 영원한 삶을 누리게 될 것이다.

그러나 '부르심'을 받았다는 것은 무엇을 의미하는가? 사도 바울은 다른 성경에서 부르심의 의미에 관해 같은 견지에서의 말을 전해 준다.

> "주께서 사랑하시는 형제들아 우리가 항상 너희에 관하여 마땅히 하나님께 감사할 것은 하나님이 처음부터 너희를 택하사 성령의 거룩하게 하심과 진리를 믿음으로 구원을 받게 하심이니 이를 위하여 우리의 복음으로 너희를 부르사 우리 주 예수 그리스도의 영광을 얻게 하려 하심이니라" (살후 2:13-14)

하나님은 복음을 수단으로, 당신을 선택하시고 구원과 죄를 깨끗게 하심과 믿음으로 당신을 부르셨다.

누군가를 '부름'은 그 사람을 인간의 언어로, 일반적으로는 큰 목소리로 지칭함을 의미한다. 그러므로 '부르심을 받기' 위해서는 그 목소리를 들었음을 의미한다. "내

양은 내 음성을 들으며"(요 10:27).

사도 바울은 자주 '부르심'이라는 말을 할 때마다, 은유적으로 말한 것은 아니다. 그는 우리가 직접 하나님의 말씀에 의해 이름을 불리운다고 했다. 이 말씀과 나란히 하는 성경 구절에서(데살로니가전서 같은 장의 같은 절 말씀) 사도 바울은 이 의미를 풀어 주신다. "이러므로 우리가 하나님께 끊임없이 감사함은 너희가 우리에게 들은 바 하나님의 말씀을 받을 때에 사람의 말로 받지 아니하고 하나님의 말씀으로 받음이니 진실로 그러하도다 이 말씀이 또한 너희 믿는 자 가운데에서 역사役事하느니라"(살전 2:13). 데살로니가 사람들은 하나님의 말씀을 듣고 받아들이고 간직할 뿐만 아니라, 이 말씀이 우리 안에서 역사하신다고 믿었다. 그렇다. "하나님의 말씀은 살아 있고 활력이 있어"(히 4:12). "내 입에서 나가는 말도 이와 같이 헛되이 내게로 되돌아오지 아니하고 나의 기뻐하는 뜻을 이루며 내가 보낸 일에 형통함이니라"(사 55:11). 주님께서는 당신의 선지자를 통하여 말씀하신다.

이 목적에는 우리가 하나님의 율법을 지키는 데 실패했음을 인식하는 데 따른 비난을 통하여 우리를 회개로 인도하심이 포함된다. 또한 여기에는 우리가 그리스도 안에서 용서를 받았다는 기쁜 소식, 즉 복음을 듣게 되었을 때 하나님의 은혜로 인도된다는 것을 포함한다. 사도 바울은 "이 복음은 모든 믿는 자에게 구원을 주시는 하나님의 능력이 됨이라"(롬1:16)고 말한다. 복음은 하나님이 말씀으로 우주를 창조하신 것과 같이, 성령의 능력을 통하여 우리 마음에서 믿음을 창조한다. 사도 바울은 "너희를 불러 그의 아들 예수 그리스도 우리 주로 더불어 교제하게 하시는 하나님은 미쁘시도다"(고전 1:9)라고 말한다. "여러분을 불러 그의 아들 우리 주 예수 그리스도와 교제하게 하시는 하나님은 신실하신 분이십니다"(현대인의 성경).

그렇다면 그리스도인은 복음을 듣고 믿는 사람이다. 다시 말해, 하나님의 말씀에 의해 믿음으로 부름을 받은 사람이다. 부르심은 주관적 경험이 아니고, 내면의 목소리도 아니다. 오히려 부르심은 자신의 외부에서 내면으로 들어온다. 이것은 언어이다. 구체적으로 예수님께서 당신의 죄를 위해 죽으셨음을 알리는 하나님의 말씀이다. 당신은 이 복음을 증거하는 친구로부터 처음 들었을 수도 있다. 성경 혹은 소책자를 읽으며 믿음으로의 부르심을 들었을 수도 있다. 설교 말씀에서, 혹은 성장하며 성경에 파묻혀 지낼 때 이 복음을 들었는지도 모른다.

오스 기니스Os Guiness는 구약 성경에서 소명이라는 용어를 정의한다. "부른다는 것은 이름을 붙인다는 것이고, 이름을 붙인다는 것은 어떤 것을 만들거나 존재하게 한다는 뜻이다."(창세기 1장에서 하나님은 빛을 '낮'이라 칭하시고 어두움을 '밤'이라 칭하셨다.) 가끔 그리스도인은 세례에서 부르심을 받는다는 말을 듣는다. 거기에서 사람은 이름을 얻고, 그 이름은 '아버지와 아들과 성령의 이름'에 더해진다. 세례를 받는다는 것은 직접 그리스도의 죽음과 부활에 동참한다는 것을 의미한다. "무릇 그리스도 예수와 합하여 세례를 받은 우리는 그의 죽으심과 합하여 세례를 받은 줄을 알지 못하느냐 그러므로 우리가 그의 죽으심과 합하여 세례를 받음으로 그와 함께 장사되었나니 이는 아버지의 영광으로 말미암아 그리스도를 죽은 자 가운데서 살리심과 같이 우리로 또한 새 생명 가운데서 행하게 하려 함이라"(롬 6:3-4).

믿음으로의 부르심(그리스도의 죽으심과 장사지냄 그리고 그분 안에서의 세례로 거듭남의 말씀을 받는 것)은 그리스도인으로서의 인생의 시작이다. 그러나 그리스도께서는 우리가 하나님의 말씀을 읽을 때마다, 혹은 선포되는 말씀을 들을 때마다, 성찬을 받아들이며 "이것은 너희를 위하여 주는 나의 몸이라"는 말씀을 들을 때마다, 계속하여 우리를 부르신다.

어떤 사람들은 그 말씀을 들을 때마다 그냥 흘려 버릴지도 모른다. 그러나 또 어떤 사람들은 어떤 이유로 해서 예수님의 말씀에 의해 가슴 깊은 감동으로 받아들인다. "내 양은 내 음성을 들으며 나는 그들을 알며 그들은 나를 따르느니라"(요 10:27).

부르심

그리스도인들은 하나님의 말씀에 의해 부르심을 받기 때문에 그들은 죄 많은 이 세상으로부터 교회로 부름을 받는다. 이 점에 관해서 베드로는 우리의 가슴을 뿌듯하게 하는 감동적인 말로 표현했다. "그러나 너희는 택하신 족속이요 왕 같은 제사장들이요 거룩한 나라요 그의 소유가 된 백성이니 이는 너희를 어두운 데서 불러 내어 그의 기이한 빛에 들어가게 하신 이의 아름다운 덕을 선포하게 하려 하심이라 너희가 전에는 백성이 아니더니 이제는 하나님의 백성이요"(벧전 2:9-10). 하나님의 부르심으로 인하여 한때는 외톨이이고 이방인이던 죄인이 거룩한 나라의 한 부분을 차지하는 하나님의 백성이 되었다. 하나님을 향한 찬양의 선포가 목적인 실질적인 공동체의 한 부분이 되었다. 그리하여 그리스도인은 그리스도의 교회의 일원이 된다.

신약 성경에 교회를 뜻하는 헬라어 단어는 '에클레시아 ekklesia'이다. 이것은 '밖out'을 의미하는 'ek'와 부르다를 의미하는 동사 'kalein'의 합성어이다. 동사 'ekkalein'은 '소환하다, 혹은 부르다'라는 말을 의미한다. 오스 기니스가 우리에게 상기시켜 준 바와 같이, 신약 성경에서 교회를 의미하는 단어는 글자 그대로 '누군가를 밖으로 부르심'을 의미한다. 'ekklesia', 즉 교회는 부름받은 자들의 모임이다.

물론 이 '거룩한 나라'인 완전한 국가의 시민이 된다는 의미는 그 역사의 한 부분을 의미하는 것과 같이, 시간을 통하여 확장된다. 모든 구원받은 사람들의 모임은, 현재 그리고 장래에 하늘나라에 거주할 모든 사람들을 포함하는 영적인 실재이다. 그러나 그것은 지금 여기 땅에서 살고 있는 사람들의 공동체이기도 하다.

그리스도인들은 같은 믿는 사람이라면, 그 사람이 어떤 사람이든지, 세상에서 만났을 때나 혹은 공통적인 소명 안에서 만났을 때 친근감을 느낀다. 그들은 특별한 연대감을 느끼며, 자신이 동의하는 신학과 같은 입장의 사람들 모임인 여러 교회의 집합으로 이루어진 교단 혹은 특정한 신학적 전통에 대한 소속감을 느낀다. 그러나 어떤 그리스도인이 소속된 교회가 특별한 교회가 될 것이다.

그리스도인들은 영적인 조직체로서 시간과 장소를 초월하는 교회와 그들의 지역 교회 사이에서 갈등을 느끼기도 한다. 지역 교회는 너무도 평범하거나 싫증나거나 비영적이라고 보일 수도 있다. 그러나 그리스도인들은 너무도 영적이기에 믿음은 물질적이고 구체적인 현실 세계와 관련되어야만 한다는 점을 잊고 있는 것은 아닌지 염려된다. 루이스C. S. Lewis는 그의 저서 『스크루테이프의 편지Screwtape Letters』에서 평범한 성도에게 세상적인 외양을 강조함으로써 그리스도인을 흐트러뜨리는 악마의 이야기를 소개한다.

"안으로 들어섰을 때, 얼굴에는 기름기가 흐르는 식품점 주인이 부산하게 그를 맞아 주었다. 그리고 그들 모두 이해할 수 없는 기도문이 들어있는 광택이 나는 조그만 책을 한 권 주었다. 종교적인 노래들로 이루어진 낡은 책도 한 권 주었다. 대부분이 형편없는 곡들이었으며, 활자는 너무도 작아 보기에 어려울 지경인 그런 책들이었다. 그는 자리에 앉자 옆자리에 앉은 사람들을 둘러보았다. 이제까지는 무시해버렸던 이웃 사람들이었다 … 당신의 옆자리에는 어떤 사람들이 앉아 있는가? 물론 그것은 별 문제가 되지 않는다. 옆자리에 앉은 사람들 중 어떤 사람은 적군에서 아주 용맹한 병사였던 사람인지도 모른다. 그것도 아무런 문제가 되지 않는다. 지하에 계시는 우리 하나님께 감사해야 한다고 하는, 당신의 환자는 바보이다. 만약 그의 옆자리에 앉은 사람들 중 누군가가 악보와 틀리게 노래한다거나, 삑삑 거리는 구두를 신었다거나, 이중 턱이라거나, 혹은 이상한 옷을 입고 있다면, 그 환자는 그들의 종교가 웬지 엉터리라고 쉽게 믿어 버릴 것이다. 현재 그의 상태로는, 그리스도인은 어떻게 생겼어야 한다는 데 대한 나름대로의 생각을 가지고 있다. 그러나 그는 영적인 면에서의 모습을 생각한다고 하지만, 실제로는 구체적인 그림을 그리고 있을 뿐이다. 그의 머리 속은 화려한 의상과 구두, 모자, 맨다리 등으로 채워져 있으며 -비록 무의식적이긴 하지만-교회의 어떤 사람은 현대식 의상을 입고 있다는 단순한 사실이, 그에게는 어려움을 안겨 준다. 그렇지만 그런 느낌을 절대로 표현해서는 안 된다. 그에게 어떤 모습을 예상했었느냐고 묻도록 해서도 안 된다."

하나님께 예배드리기 위해 한 자리에 모인 그 사람들은, 전혀 특별하게 보이지 않을지도 모른다. 그러나 실제로 그들은 "모든 시간과 공간에 펼치고, 영원에 뿌리를 박고, 깃발을 든 군대처럼 강인한" 교회의 한 부분이다.

그리스도는 보통 모든 지교회에 그리고 일반적으로 모든 주일 오전 예배(다른 모든 소명과 함께, 이번에는 영적인 구원의 방식으로)에 숨어 계신다. 그분은 단 두세 사람이 그분의 이름으로 모인 곳이라면 그곳이 어디든지 거기에 숨어 계신다(마 18:20). 그분은 당신의 말씀 안에, 당신의 성찬에, 그리고 겉으로는 남루하고 천박하고 특별한 것이라곤 아무것도 없는 사람이라 할지라도 당신이 부르셨고, 당신이 그 안에 거하며 진정한 제자가 되는 모든 믿는 사람들의 안에 숨어 계신다.

부르심과 명하심

그리스도의 목소리를 듣는 것은 하나님의 말씀을 듣는 것과도 같다. 그리스도인들은 말씀에 굶주리고 목마르다는 한 가지 이유에서 교회에 모인다. "그러므로 믿음은 들음에서 나며 들음은 그리스도의 말씀으로 말미암았느니라"(롬 10:17). 이 진리는 다시 한번 인간의 소명을 통하여 실현된다.

> "그런즉 그들이 믿지 아니하는 이를 어찌 부르리요 듣지도 못한 이를 어찌 믿으리요 전파하는 자가 없이 어찌 들으리요 보내심을 받지 아니하였으면 어찌 전파하리요"
> (롬 10:14-15)

즉 "하나님은 당신의 말씀을 통하여 사람들을 부르신다"라는 말씀은 전도자가 필요함(또한 사람들을 위하여 전도자를 보내야 할 필요가 있음)을 의미한다.

목사의 소명은 진실로 특별한 역할이다. 다른 어떤 소명보다도 더 칭찬을 받을 역할이라는 의미는 아니다. 하나님은 다른 소명에도 숨어서 활동하신다. 그러나 목사의 역할은 이 세상만이 아니라, 하나님의 영적인 왕국도 섬긴다. 그리스도는 목사의 사역에서 구원의 방식으로 일하시며, 목사의 말씀과 임무에 영속성을 주신다.

하나님이 자녀들을 가정을 통하여 양육하고, 농부를 통하여 일용할 양식을 주시고, 의사를 통하여 치료해 주심과 같이, 그분은 목사의 소명을 통하여 영적인 면에서 기르시고, 양식을 주시고, 치료해 주신다. 그리스도는 목사의 입술을 통하여 죄에 대한 그분의 용서하심을 선포하신다. 설교하고, 세례를 베풀고, 성찬을 주재하시는 분은 그리스도이시다. 그리고 하나님의 백성에게 깊은 의미에서 목사라는 세상 도구를 통해 사역하시는 분도 그리스도이시다.

이것은 신비로운 상징이 아니라 명백한 사실이다. 다시 말하지만, 믿음으로의 부르심은 하나님의 말씀에 관한 문제이다. 목사의 의무는 자신의 개인적 의견을 전하는 것이 아니라 하나님의 말씀을 선포하는 것이다. 목사가 되기 위해서는 몇 년씩 신학대학에서 성경을 공부하는 것이 일반적이다. 설교는 성경의 해석이고 적용이다. 목사는 가르치는 역할을 통하여 성경 말씀을 효과적으로 설명하고 전달하는 데 개입한다. 목사의 목표는(내가 목사라면 대부분 이렇게 말할 것이라 생각한다) 하나님의 말씀을 위한 깨끗한 통로가 되는 것이다. 목사가 모든 말씀을 온전하게 전달하지 못할 수도 있다는 점은 사실이다. 목사의 선입견과 개성이 전달 과정에 개입할 수도 있다. 그러나 그리스도는 그러한 불완전함을 통해서도 역사하실 수 있다. 때문에 목사가 전달하는 말씀, 그의 목적, 그의 권위는 오직 하나님의 말씀으로 이루어진다.

목회자는 강단에서 그의 정치적 견해를 밝히거나, 혹은 자신이 좋아하는 영화에 관해 이야기하거나, 심리학 전문 잡지에 실린 흥미로운 기사에 관해 논의할 특별한 소명을 받지는 않았다. 그러한 것들은 성도들의 흥미를 끌 수도 있고, 그렇지 않을 수도 있다. 그러나 강단에 섰을 때 목회자의 소명은 하나님의 말씀을 전파하는 것이다. 목회자가 정치 이야기, 영화 이야기, 혹은 흥미로운 기사에 관한 이야기를 할 수는 있다. 그러나 그것은 오직 하나님이 성경에서 하셔야만 했던 말씀을 잘 묘사하거나 설명하거나 적용하기 위해서일 뿐이다. 이와 비슷하게 가르침, 상담, 심방, 결혼식, 장례식 등 수없이 많은 목회자가 하는 일에서의 그의 소명은 하나님의 말씀(율법만이 아니라 더욱 중요한 것은 그리스도의 복음)을 성도들의 인생에 심어 주기 위해 전달하는 것이다.

부활하신 주님은 당신의 제자 베드로에게 "내 양을 먹이라"(요 21:17)라고 말씀하신다. 목사pastur라는 단어는 목자shepherd를 의미한다. 목사는 가끔은 말썽을 부리고 부주의하게 구는 양들을 보살피고, 그들을 말씀과 성찬으로 먹이고, 늑대와 거짓 선생으로부터 보호하고, 양떼를 영원한 초장으로 이끄는 사람이다. 물론 예수 그리스도도 그분 자신이 진정한 목자이시다. 양들을 위해 자기 목숨을 내놓으신, 그리고 양들이 그 목소리를 알아듣는, 진정한 목자이시다(요 10:1-16). 그러나 우리의 하늘 아버지께서 세상의 아버지를 사용하시는 것처럼, 우리의 목자 주님께서는 세상의 목자를 사용하신다. 그리스도는 당신의 목자로서의 일을, 큰 의미에서 목사의 소명을 통해 이루신다.

교회 안에서 사역의 분업은 초대 교회에서부터 이루어졌다. 사도행전은 교회의 두 가지 구체적인 사명에 관해 말씀하신다.

> "그 때에 제자가 더 많아졌는데, 헬라파 유대인들이 자기의 과부들이 매일의 구제에 빠지므로 히브리파 사람을 원망하니 열두 사도가 모든 제자를 불러 이르되 우리가 하나님의 말씀을 제쳐 놓고 접대를 일삼는 것이 마땅하지 아니하니 형제들아 너희 가운데서 성령과 지혜가 충만하여 칭

찬 받는 사람 일곱을 택하라 우리가 이 일을 그들에게 맡기고, 우리는 오로지 기도하는 일과 말씀 사역에 힘쓰리라 하니"(행 6:1-4)

이러한 점에서 모든 그리스도인은 '제자'라고 불려지지만, 예수님께 직접 가르침을 받은 열두 제자는 교회에서 리더로서의 역할을 수행했다. 교회가 성도들 중 물질적으로 궁핍한 사람을, 특히 돌보아 줄 사람이 없는 과부들을 걱정하는 것은 매우 의미 있는 일이다. 사도행전의 여기저기에서 교회는 믿음의 공동체라는 점을 우리는 분명하게 볼 수 있다. 주일 오전에 그저 한 시간 동안 가 있는 곳이 아니라 그리스도인들이 서로의 인생에 개입하는 곳이다. 그렇지만 모든 그리스도인들이 항상 서로를 사랑하는 이상적인 유토피아는 아니다. 오히려 최초의 열두 제자가 이끌던 초대 교회에도 서로간에 불화는 있었다. 이때는 윤리적인 갈등 그리고 '불공평'이라는 영원히 끊이지 않을 것 같은 불평이 일어났다.

어쨌든 열두 제자는 그들이 먹을 것의 배분 문제 등 교회의 실질적이고 세세한 관리 문제에 너무 많은 시간을 빼앗기기 때문에 그들의 주요 소명인 즉 하나님의 말씀을 전파하는 데 소홀히 함을 깨달았다. 더욱 불평이 끊이지 않는 음식의 나눔이라는 일은 그들로서는 제대로 관리할 수 없는 일이었다. 교회의 음식에 관한 프로그램을 운영하는 일은 분명히 그들의 소명은 아니었다. 그리하여 교회는 성도들 중에서 교회가 처리해야 하는 실질적이지만 세상적인 문제들을 맡아줄 일곱 사람을 선택했고, 열두 제자는 기도하는 일과 말씀 사역에 전념할 수 있었다.

오늘날 많은 교회들은 그들의 교회를 운영하기 위하여 세상적인 경영 모델buisiness model을 채택했다. 어떤 사람들은 목회자를 기업으로써 교회의 최고 경영자CEO라고 부르기도 한다. 그에게는 그의 이사회(당회)가 있고, 다양한 사역 업무를 전문 분야별로 담당하는 경영진이 있고, 교회의 성도들로 이루어진 직원들을 다양한 부서에 배치한다. 그 회사의 상품은 복음이다. 그리고 그들의 목표는 이 세상의 종교적 소비자들의 시선을 끌 수 있도록, 교회의 메시지를 마케팅하는 것이다. 목회자/CEO의 일은 물질적인 사업 계획과 예산을 관리하고, 정책을 결정하고, 비전을 갖춘 지도자가 되며, 모든 사람에게 사역을 위한 능력을 갖추도록 해주는 것이다.

경영 모델은 사업 운영을 위해서는 매우 유익할 수 있

다. 그리고 CEO가 되는 것은 그 분야에서는 매우 소중한 소명이다. 그러나 교회는 세상적인 기관이 아니라 영적인 기관이다. 그리고 목사의 소명에는 구체적인 내용이 들어 있고, 그 내용은 단지 한 기관을 운영하는 것으로 변경될 수 없다. 이 책의 뒷부분에서 볼 수 있는 바와 같이, 여러 가지 소명을 혼동해서는 안 된다. 그리고 한 사람이 소명을 벗어나서 활동하는 것은 불행을 불러오는 공식이다.

어느 목회자가 나에게 자신은 몇 년 동안 복음 전파의 소명을 행하지 못했고, 병원을 방문하지도 못했다고 말했다. 그에게는 복음 전파의 소명을 담당하는 위원회가 있었다. 그리고 그는 일단 성도들로 하여금 거동을 못해 집 밖으로 나올 수 없는 사람들과 병원에 입원 중인 환자들을 심방하는 팀을 구성했다. 성도들이 성경 공부와 주일학교도 인도했다. 그들은 기도 그룹을 구성하고 예배 프로그램을 짜기도 했다. 그 교회의 성도들은 모두 바쁜 사람들이었기 때문에, 그들이 교회의 활동에 이견을 내세우지 못하도록 하여, 그들의 시간 낭비를 막아 주었다. 그리고 그는 몇 년 동안이나 교인 전체가 참여하는 공동회의를 열지도 않았다고 말했다.

그가 모든 결정을 했다. 교회의 부교역자들과 순번을

정해, 설교도 가끔은 했다. 그리고 그는 자기가 하는 주된 일은 다양한 사람들로 하여금 각각의 특성에 맞는 그룹을 구성하고 정책을 정해 준 다음, 교회 활동의 과정과 결과를 지켜보는 것이라고도 얘기했다. 달리 말해 그는 자신에게 주어진 소명으로 맡겨진 일(복음 전파, 양떼를 돌보는 일)을 성도들에게 맡겼다. 그리고 성도들에게 소명으로 맡겨진 일들, 즉 실질적이고 세세한 일상적인 업무를 처리했다. 그는 사도행전 6장의 말씀을 거꾸로 실행했다. 그가 세세한 문제를 관리하고, 교회를 구성하는 성도가 '말씀의 사역'을 담당했던 것이다.

목회자와 성도, 모두가 각자의 소명을 벗어난 행동을 했다. 이것은 일반적으로 비효율적인 처방이다. 어떤 사람은 자신이 속한 위원회가 복음 전파를 얼마나 잘하는지, 혹은 병든 사람 혹은 병원에서 임종을 기다리는 사람들에게 진정으로 해주어야 할 말을 알고 있는지, 혹은 신학 교육을 받지 않은 그들이 제대로 성경을 가르치고 있는지 걱정한다. 혹은 경영학이 아니라 신학 공부를 한 목회자가 CEO로서 얼마나 잘하고 있는지 궁금해 한다. 나는 구체적으로 정확하게는 모르지만, 이런 식으로 구성된 많은 교회가 심각한 재정 문제, 기능을 잃어버린 직원들의 관계 그리고 대화의 단절로 인해 몸부림치고 있음을 알고 있다.

교회의 성도들은 그들의 믿음을 증거하고 모든 그리스도인들에게 공통적인 임무를 수행하기 위한 능력을 갖추어야 한다. 사도행전 6장에 등장하는 일곱 집사들 중 스데반은 사악한 유대인들에게 체포되어 돌에 맞아 죽어 첫 번째 순교자가 될 정도로, 강력한 믿음의 대변자였다. 또 다른 제자 빌립은 사마리아에서 예수를 전파하고, 여러 기적을 행하고, 에디오피아의 내시에게 성경을 해석해 주었다(행 8장). 성도들은 한 번도 교회 문을 열고 들어선 적이 없는 사람들과 만나도록 해주는, 그들의 세상적인 소명 덕택으로 교회 밖의 사람들에게 접근할 수 있는 특별한 위치에 놓여 있다.

그러나 복음을 전파하고 하나님의 양떼를 먹이고 하나님의 말씀을 공부하고 가르치라는 구체적인 소명을 받은 목회자들은 그들의 소명 속에서 그리스도께서 그들을 통하여 사역을 펼치신다는 점을 인식하면, 특별한 복을 받게 될 것이다.

그리스도의 몸

각기 다른 교회 정책도 많고, 교회를 조직하고 운영하는 데 서로 다른 방식을 따르는 교회들도 많이 있다. 장로교, 감리교, 성결교, 침례교, 성공회, 루터회, 구세군 등 여러 연합과 다양한 교단이 있으며, 목회의 역할에 관해서도 각기 다른 신학이 존재한다. 그러나 그것은 이 책의 범주에서 벗어날 뿐만이 아니라, 내 자신이 목회자도 아니면서, 비공식적으로 그 문제에 관해 논의하는 것은, 나의 소명을 벗어나는 일이다.

각각의 믿음과 실천에서 각기 다른 특징을 따르는 교파와 신학적 전통이 많이 있다. 나는 그것을 나쁘다고 간주하지 않는다. 그것은 이 교회 통일 시대에 충격으로 받아들여지는 주장일 수 있다. 그렇다면 나는 교회의 연합을 믿지 않는 것일까? 전혀 그렇지 않다. 그리고 내가 교회의 연합이 필요하다고 믿는 이유도, 바로 많은 교파를 믿기 때문이다. 그리스도인들은 믿음과 신학을 공유하는 사람들과 예배에서 하나가 되어야 한다. 교회의 성도들은 연합해야 할 필요가 있다. 만약 교회가 많은 다른 신학과 전통을 받아들인다면, 연합이 이루어질 수 없을 것이다. 내

의견으로는 한 교회 안에 다양한 신학적 입장을 가지는 것보다는, 다양한 교회를 가지는 것이 좋다. 전자의 경우, 가르침에 있어서 모호함과 불일치 그리고 혼란으로 이어질 뿐이기 때문이다. 어떻게 한 전통이 전체 진리를 가질 수 있겠는가? 그렇다. 무엇인가를 믿는 것은, 그것이 진리라고 믿는다는 의미이다. 각각의 그리스도인은 자신의 생각으로는 진리에 가장 접근했다고, 전체 진리를 가졌다고 -즉 성경을 가장 잘 이해한다고 판단되는 교회에 출석해야 한다.

교회는 연합이기도 하고, 다양하기도 하다. 예수 그리스도의 구원의 믿음을 가진 우리 모두는 서로 연합이 된다. 각기 다른 신학적 전통을 따르고, 각각의 믿음에는 잘못이 포함되어 있을지라도, 하나님의 말씀은 부르심을 받은 자들의 가슴 안에서 믿음을 창조할 수 있다. 종교개혁가들은 '보이지 않는 교회' 즉 믿는 사람들의 모임을, 그들은 숨어 있을지라도, 하나님은 아신다고 판단한다. 그러나 눈에 보이는 교회도 분명히 존재한다. 하나님의 말씀에 의해 키워지고, 지역화된 실제 믿음의 공동체로써, 말씀과 그곳에서의 성찬으로 키워지는 성자와 위선자가 모두 포함하는 교회도 있다. 여기에는 나이도 다르고, 사회적 지위와 직업도 다르며, 독특한 성격을 가진 각기 다른 사람들이 포함된다. 그들 각자는 교회의 생명을 구성하는 성도들에 대한 사랑과 섬김의 한 부분을 담당할 수 있다.

사도 바울이 연합과 다양함의 의미를 설명한 성경 말씀은 너무도 중요하다.

> "몸은 하나인데 많은 지체가 있고 몸의 지체가 많으나 한 몸임과 같이 그리스도도 그러하니라 우리가 유대인이나 헬라인이나 종이나 자유인이나 다 한 성령으로 세례를 받아 한 몸이 되었고 또 다 한 성령을 마시게 하셨느니라"(고전 12:12-13)

그가 다른 곳에서 말씀한 바와 같이, "몸이 하나요 성령도 한 분이시니 이와 같이 너희가 부르심의 한 소망 안에서 부르심을 받았느니라 주도 한 분이시요 믿음도 하나요 세례도 하나요 하나님도 한 분이시니 곧 만유의 아버지시라"(엡 4:4-6). 모든 그리스도인들은 인종, 사회적 지위 혹은 그들의 소명을 막론하고, 아버지와 아들과 성령의 이름으로 주시는 세례를 공유한다. 우리에게 믿음을 가져다주시고, 또 하나님의 말씀을 통하여 사역을 계속하는 성령은 오직 한 분이시다. 그리스도도 한 분이시고, 아버지도 한 분이시다. 오직 한 가지 부르심, 즉 그리스도의 복음의 부르심 하나뿐이다.

연합을 확립한 다음, 사도들은 계속하여 세례와 믿음을 공유하는 사람들의 다양함을 찬미한다.

> "몸은 한 지체뿐 아니요 여럿이니 만일 발이 이르되 나는 손이 아니니 몸에 붙지 아니하였다 할지라도 이로써 몸에 붙지 아니한 것이 아니요 또 귀가 이르되 나는 눈이 아니니 몸에 붙지 아니하였다 할지라도 이로써 몸에 붙지 아니한 것이 아니니 만일 온 몸이 눈이면 듣는 곳은 어디며 온 몸이 듣는 곳이면 냄새 맡는 곳은 어디냐 그러나 이제 하나님이 그 원하시는 대로 지체를 각각 몸에 두셨으니 만일 다 한 지체뿐이면 몸은 어디냐 이제 지체는 많으나 몸은 하나라"(고전 12:14-20)

그리스도는 지교회의 겸손한 성도들 안에 숨어 계실 뿐만 아니라, 그들을 당신의 몸이라 부르신다. 그리스도인들은 그분 안에서 연합이 된다. 그러나 그들 각자가 서로 다른 것은, 살아있는 모든 조직체 내에 있는 필수적인 다른 역할 때문이다.

눈이 귀와는 전혀 다르게 생겼다 해서, 그 둘이 아무런 관련도 없다는 의미가 아니다. 진실로 그들은 한 몸의 각기 다른 부분이며, 친밀하게 연결되어 있다. 즉 연합되어 있다. "만일 한 지체가 고통을 받으면 모든 지체가 함께 고통을 받고 한 지체가 영광을 얻으면 모든 지체가 함께 즐거워하느니라"(고전 12:26).

그리스도의 교회 안에서의 각기 다른 임무와 은사(각기 다른 소명)에 대해 사도 바울은 더 세분해서 말하고 있다.

> "너희는 그리스도의 몸이요 지체의 각 부분이라 하나님이 교회 중에 몇을 세우셨으니 첫째는 사도요 둘째는 선지자요 셋째는 교사요 그 다음은 능력을 행하는 자요 그 다음은 병 고치는 은사와 서로 돕는 것과 다스리는 것과 각종 방언을 말하는 것이라 다 사도이겠느냐 다 선지자이겠느냐 다 교사이겠느냐 다 능력을 행하는 자이겠느냐 다 병 고치는 은사를 가진 자이겠느냐 다 방언을 말하는 자이겠느냐 다 통역하는 자이겠느냐"(고전 12:27-30)

계속해서 사도 바울은 그 유명한 고린도전서 13장에서, 모든 그리스도인이 가져야 하는 자질 즉 사랑을 촉구한다. 그러나 여기에서 사도 바울은 교회 안에서 각기 다른 기능을 가진 사람들의 다양한 역할을 말씀하신다.

이 중의 많은 일은 목회자의 역할을 통해 수행되고, 몇몇은 다른 사람들에게 위임된다. '영적인 은사'라는 표현은, 성령이 한 사람에게 부어 주신 어떤 특별한 능력이라는 견지에서 해석하는 것보다는, '소명'이라는 견지에서 해석하는 것이 더욱 올바른 태도이다. 즉 그것은 섬김을 위한 방법이다. 자신의 이웃을(여기에서는 다니는 교회의 다른 성도를) 사랑하고 섬기는 방법이다. "직분은 여러 가지나 주는 같으며"(고전 12:5). 그것은 영적인 세계에서 즉 교회에서 제공된 은사이다. 그것은 권세, 권리, 세력에 관한 것이 아니다. 오히려 교회의 덕 세우기에 관계된 것이다(고전 14:12).

좀더 평범한 예를 들어서 교회의 피아노 반주자, 성가대 지휘자, 여러 악기로 연주하는 사람, 혹은 성가대원 등 교회의 음악인들의 활동에 대해 생각해보라. 구약 성경은 성막과 성전에서의 예배에 음악이 어떻게 사용되었는지를 설명해 준다.

> "그 때에 제사장들은 직분대로 모셔 서고 레위 사람도 여호와의 악기를 가지고 섰으니 이 악기는 전에 다윗 왕이

레위 사람들에게 여호와께 감사하게 하려고 만들어서 여호와의 인자하심이 영원함을 찬송하게 하던 것이라 제사장들은 무리 앞에서 나팔을 불고 온 이스라엘은 서 있더라" (대하 7:6)

다윗은 음악가들의 사역을 통하여 찬양을 드렸다. 그들의 연주와 노래로 다윗이 찬양드리는 것을 도왔다. 그리하여 그 전통은 오늘날의 교회에서도 행해진다. 그들은 우리와 함께 그리고 우리를 대표하여 우리를 위한 하나님의 자비로우심을 찬양한다.

이와 비슷하게 각각의 위원회, 주일학교 교사, 관리인, 장로, 안내 위원, 식당 봉사 등은 서로를 섬기고 동료 성도들을 섬기기 위해 각자의 역할을 하고, 목회자와 함께 살아있는 조직 즉 교회를 아름답게 세우는 것이다.

그렇지만 교회는 세상의 다른 모든 기관처럼 하나의 단체이다. 나름대로의 임대료 등 유지비가 들고, 지역 규정과 소방법을 따라야 한다. 교회는 세세하지만 필수적인 모임들을 이끌어가기 위한 내규를 만들기도 한다. 관리와 행정에 따른 실질적인 문제도 계속 적용된다. 세상적인 무대에서 소명을 가진 성도들은, 교회가 이 세상의 물결을 헤치고 바른 방향으로 나아가는 데 큰 도움이 되기도 한다. 불행하게도 다른 모든 큰 규모의 인간들의 단체와 마찬가지로, 개인적인 갈등, 대화의 단절 등이 끊임없이 나타난다. 그럼에도 이 세상적인 단체는 그리스도의 몸이기도 하다.

9

소명의 원리

    소명 원리는 단순히 일의 가치를 가르치는 것이 아니다. 그리스도인 인생의 신학을 함축하는 것이다. 그리스도인은 세상에서 어떻게 살아가야 하는가? 독실한 그리스도인이 인생을 살아가며 일에서 믿음의 열매를 맺을 때는 어떤 모습으로 보여야 하는가? 그것은 단순히 좋은 사람이 되는 것 그 이상이다. 또한 자기 자신을 희생하거나 다른 사람을 돕기 위해 기념비로 남을 영웅적인 행동을 하는 것 그 이상이다.

    소명의 인생은 모든 인간 관계, 책임, 그리고 우리 인생의 거의 모든 순간에 주의력을 모으며, 매일매일 인생의 모든 측면에 개입하는 것으로 매우 포괄적이다.

잘된 일은 대부분의 경우 소명 안에서 행해진다. 죄 역시 우리가 자신의 소명을 위반하는 수많은 방식을 통해 소명 안에 자리잡는다. 소명이라는 관점에서 도덕적 문제에 접근하면, 어떤 행동은 올바르기도 하고 그릇되기도 한 이유가 설명된다. 소명이라는 관점에서 바라보면, 우리의 여러 가지 일과 사회적 역할에 따른 의무를 이해하는 데 도움이 된다. 우리가 행하도록 부르심을 받은 일에서의 한계 그리고 경계에 대해서도 이해하게 된다. 또한 우리가 해서는 안 된다고 부르심을 받은 일이 무엇인지도 설명해 준다.

그리스도인들을 놀라게 하는 것은 어떤 일을 지시받고 완성했을 때, 즉 특정한 소명에 대한 결과는 외관상으로 보기에 그리스도인이 하는 일이나 비그리스도인이 하는 일이나 다르게 보이지 않는다. 그리스도인 건설 노동자, 간호사, 소방대원, 농부, 어부, 군인, 환경미화원, 공무원, 경찰관, 근로자, 의사 등 거의 모든 일에서 그들이 하는 일은 그 분야의 비그리스도인들이 해야 하는 일과 똑같다. 하지만 그 차이는 내면에 있다. 믿음이(혹은 믿음의 결여가) 그러한 임무의 의미에 관한 차이로, 그리고 하나님께 받아들여지는 데 따른 차이로 나타난다. 소명 원리는 글자 그대로 철저한 영적인 인생을 가져온다.

소명을 거스리는 죄

물론 소명 안에서 죄를 짓는 것도 가능하다. 실제로 죄에 대해 자성하고 회개하는 것을 돕기 위한 종교개혁가들의 자료에는, 자신의 소명을 십계명에 비추어 보며 회개할 것을 권했다. 루터는 그의『소교리문답서』에서 목사 앞에서 죄를 고백할 것을 권했다. "십계명에 비추어 자신의 입장을 살필 것인데 당신이 아버지든, 어머니든, 아들이든, 딸이든 혹은 주인이든, 하인이든 간에 하나님께 불순종하였거나, 불신하였거나, 태만하였거나, 언어나 행동으로 다른 사람을 슬프게 하였거나, 도둑질을 하였거나, 등한히 하였거나, 낭비하였거나, 혹은 다른 사람을 상하게 하지 않았는지를 생각해 보라." 현실에 입각해서 예리하게 말한 그의 고백의 모델은 구체적인 매일매일의 소명의 세계에 근거하여 고백한 것이다.

"특히 나는 아이들에게, 집안 식구들에게, 내 아내에게 하나님의 영광을 들어내며, 신실하게 관심을 기울이지 못했음을 고백합니다. 나는 저주했고, 불경한 언어와 행동으로 나쁜 모범을 보였으며, 내 이웃사람들에게 해를 끼쳤고, 그들을 비방했고, 그들에게 과다한 요금을 청구했고, 조악한 상품을 팔았고, 그들을 속이기까지 했습니다." 그리고 하나님의 계명에 어긋난 모든 일과 인생을 살아오며 행했던 옳지 못했던 모든 일을 고백하는 것이다.

교리문답, 성경 공부, 외우기 그리고 내면화, 루터파 사람들이 오늘날까지도 행하는 이 전통에는 모든 종류의 거룩한 명령과 인생에 관련된 성경 구절들로 이루어진 "의무표"가 포함된다. 감독과 목사의 의무(딤전 3:2-6), 권세자의 의무(롬 13:1-4), 남편의 의무(벧전 3:7, 골 3:19), 아내의 의무(벧전 3:1, 6, 엡 5:22), 부모의 의무(엡 6:4), 자녀의 의무(엡 6:1-3), 종들과 노동자의 의무(엡 6:5-8), 주인의 의무(엡 6:9), 청년들의 의무(벧전 5:5-6), 과부들의 의무(딤전 5:5-6), 일반 신자의 의무(롬 13:9, 딤전 2:1), 다시 말하지만 이 모든 것은 '거룩한 명령'으로 이해된다. 이와 같이 종교개혁가들의 문답식 교육에서는 소명을 윤리 교육의 중심에 두었다.

죄를 바라보는 한 가지 방법은 소명에서의 위반으로 보는 것이다. 이제까지 보아온 바와 같이, 이웃을 사랑하고 섬기는 것이다. 그렇게 하는 데 실패하는 것은 소명에 거스르는 죄이다.

정치적인 지배자가 자신의 백성을 사랑하거나 섬기지 않고, 자신의 자만심, 탐욕, 그리고 자신의 권력을 향한 욕망에 이용(자신의 권세와 자신의 보호를 받는 백성을 자기의 이기적인 욕망을 위하여 이용하는 사람)한다면 자신의 소명을 거스르는 죄를 범하는 것이다. 하나님은 개인적인 만족을 얻으라고 그를 그 자리에 앉혀 주신 것이 아니다. 하나님은 압제의 행동에는 숨어 계시지 않는다. 그의 역할에 따르는 권세는 그대로일지라도, 자신의 역할을 잘못 사용한 그 지배자는 하나님의 심판을 받는다.

모든 소명에는 그 나름대로의 유혹이 들어있고, 죄를 범할 소지도 있다. 경찰관은 시민을 때리는 것이 아니라, 보호하기 위한 부르심을 받았다. 사업은 그들의 소비자를 속이는 것이 소명이 아니다. 위조작업을 하는 장인匠人, 거짓말을 하는 언론인, 포르노그래피를 만드느라 재능을 낭비해 버리는 예술가 등은 하나님이 주신 능력을 이웃을 사랑하고 섬기는 것이 아니라 해치는 데 사용하는 것이다. 그것은 소명을 거스르는 죄를 범하는 것이다. 부모들은 아이들을 그냥 내버려 두는 것이 아니라 보살피는 소명을 받았다. 남편은 아내를 이용하는 것이 아니라 사랑하고 보살펴야 하는 소명을 받았다. 선생은 가르치는 소명을, 의사는 치료하는 소명을, 부모는 키우는 소명을 받았다. 그러나 이러한 소명의 목적에 어긋나는 것이라면, 그 무엇이든지 하나님으로부터 온 것이 아니다.

오늘날 우리가 직면한 논쟁을 일으키고 있는 도덕적 문제들을 살펴보자. 안락사는 올바른가, 잘못인가? 의사의 소명은 환자들의 병을 치료해 주는 것이지, 죽이는 것은 아니다. 그런데도 의사가 사람을 죽인다면, 그것은 그의 소명을 위반한 것이다.

낙태는 어떤가? 여성이 아기를 가질 것인지 여부를 결정할 권리를 가지는 것은 아닐까? 그러나 한 여성의 임신은 어머니가 된다는 부르심을 받은 것이다. 그 여성의 소명은 새로운 생명을 잉태하고, 낳고, 키우는 것이다. 자신의 아기를 죽이라고 부르심을 받은 여성은 없다. 또한 어떤 의사도 한 여성의 요청을 받았다고 해서 아기를 죽이라는 소명을 받지는 않았다. 그들 누구에게도 그럴 권세는 없다.

성도덕은 어떤가? 다시 말하지만, 성은 결혼에 의한 부르심이다. 이런 식으로 말하면 이상하게 들릴지도 모르지만, 당신은 자신과 결혼하지 않은 사람과 성관계를 가질 권세를 부여받지 못했다. 동성연애자들끼리의 결혼도 가능한가? 성의 목적과 결혼의 소명은 새로운 생명을 낳는 것이기 때문에 그러한 소명은 있을 수 없다.

새로운 의학 기술은 어떤가? 시험관 수정의 경우, 페트리 접시(petri dish:세균 배양용 투명한 접시)에서 만나는 난자와 정자가 아내와 남편에게 속한 것이라면, 결혼이라는 소명 안에서 적절하다고 할 수 있다. 그러나 정자 제공자가 그 여성과 결혼한 남자가 아니라면 부적절하다. 후자의 경우 결혼 소명 밖에서의 생식生殖을 취한 것이기 때문이다. 정자 제공자인 아버지의 역할은 아기를 임신하게 되는 것과 함께 시작되는 데도, 아기의 잉태에 관해 아무것도 모르거나 관심을 가지지 않음으로써, 자신이 아버지가 된다는 소명을 무시해 버리는 것이다.

한 여성이 다른 부부의 아기를 임신하게 되는 대리모代理母 이용은 어떤가? 한 아기를 잉태하고 임신한 여성은 그 아기에 대한 소명을 가지게 된다. 그 소명은 아기를 팔아 치우는 것은 차치하고, 누구에겐가 줘버린다고 해서 깨어질 수 없다.

그러나 미혼모가 낙태하는 대신에 결혼한 부부에게 입양시키고 아기를 포기한다면, 아기에게 자신이 가지지 못한 완전한 가정의 소명을 받게 해준다면, 그것은 자신의 이웃을(아기와 입양한 부부 모두를) 사랑하고 섬기는 결과가 된다.

소명의 허가

이러한 예로부터 소명은 특정한 행위에 대한 능력을 가졌음을, 그리고 어떤 행위는 소명 안에서 하면 옳지만, 소명 밖에서 하면 그릇되다는 것이 이미 명백해졌다. 똑같은 행동이 그 행위를 하는 사람의 소명에 따라 올바른 일이 되기도 하고 그릇된 일이 되기도 한다.

예를 들어, 칼을 들고 사람의 살을 째는 것은 심각한 범죄행위이다. 그러나 의사가 살을 쨀 때면(자신의 소명에 따라 이웃을 사랑하고 섬기기 위해 그렇게 한다면) 그는 좋은 일을 하는 것이다. 의사는 자신의 역할 덕분으로 수술용 칼을 사용할 허가를 받았다. 교육과 훈련을 거쳐, 그의 소명에 필수적인 허가를 받은 것이다. 그러나 그러한 허가를 받지 못한 내가 누군가를 수술한다면, 나는 체포될 것이고, 그렇게 되는 것은 오히려 당연하다.

판사는 범죄자를 응징한다. 사형 선고를 내리기까지 한다. 우리 일반인들은 그런 권세가 없다. 우리는 그 소명을 가지지 않았다. 사형집행인이 치명적인 주사를 놓는 것은 살인을 범하는 것이 아니다. 그러나 만약 우리가 잘못을 저지른 사람에게 직접 복수를 한다면, 우리는 죄를 범하는 것이 된다. 사람을 죽이는 것은 죄를 범하는 것이다. 하지만 군인으로서 나라의 적을 죽이는 것은 죄를 범하는 것이 아니다. 그것은 그의 소명이다. 그러나 그 군인이라고 해서 직접 자신의 개인적인 적을 죽이는 것은 허락받지 못했다. 그는 소명 밖에서는 사람을 죽일 권세는 받지 못했다. 다시 말하지만 그러한 권세는 그 사람의 역할에 속하는 것이지, 그 역할을 맡은 사람에게 속하는 것이 아니다. 그리고 그 역할 안에서 또한 그 역할을 통하여 일하시는 분은 하나님이시다. 한 개인으로서, 판사도, 사형집행인도, 군인도, '산상 설교'(빙그렌)에서 상세히 설명한 바와 같이 윤리적인 사랑 안에서 살아가야 한다.

성폭력으로부터 성관계에 이르기까지, 남편과 아내는 그들의 결혼이라는 소명 덕분에 서로 성관계를 할 수 있도록 허가를 받았다. 그러나 그들은 이 소명 밖에서의 성관계를 가지는 것은 허가를 받지 못했다. 같은 성행위가 결혼 안에서는 좋은 일이지만, 결혼 밖에서는 죄인 것이다.

부모는 그들의 자녀를 훈육할 권세를 가진다. 이것은 부모의 소명이다. 일반적으로 외부인은 이러한 특권을 가지지 못한다. 질서를 유지하기 위한 상황이라면, 어느 시민이 험악한 표정을 짓거나 의견을 표현할 수는 있다. 그러나 소란스러운 아이를 조용히 시키는 것은 부모의 일이지, 제3자가 해야 할 일은 아니다. 부모는 가끔 그들의 권리와 의무를 교사(교육시키고, 필요할 경우 단련시키기 위하여), 목사(그들의 자녀를 믿음 안에서 키우기 위하여) 등 다른 소명을 받은 사람에게 맡길 수는 있다. 그러나 아이들의 육체적, 지적, 영적 행복은 그들의 부모에게 속하는 책임이다.

가끔 부모들은 학교 등의 공공 제도를 배제하고, 그들의 자녀를 직접 키우고 싶어한다. 그들에게는 그렇게 할 권리가 있다. 자신의 자녀를 돌보는 것은 부모의 소명이지, 정부의 소명은 아니다. 그러므로 학교에서는 부모가 소중히 하는 가치와 반대되는 가치를 가르친다면, 그들의 행위는 적절한 행위를 벗어난 것이다.

서로 다른 소명은 서로 다른 일들을 하는 것을 허용한다. 인가 받지 않은 사람은 공사 현장에 들어갈 수 없다는 것은 외부인이 다치거나 다른 사람들을 위태롭게 할 수 있기 때문이다. 현장에 들어가는 것은 그들의 일이 아니다. 소명 그 자체(특정한 소명이 요구하는 기술, 훈련, 지식과 함께 받은)는 책임과 특권 그리고 한계와 자유를 준다.

소명 밖에서의 행동

우리가 자신의 소명 밖에서의 행동을 할 때(우리가 부르심을 받지 않은 어떤 일을 할 때) 오직 우리 자신을 괴롭히는 문제를 일으킬 뿐이다. 가끔 그러한 행동은 경찰에 신고하는 대신에 자신의 손으로 직접 법을 실행한다거나, 자신과 결혼하지 않은 다른 누군가와 성관계를 하는 등 도덕적 위반을 포함하기도 한다. 그리고 소명 밖의 행동이 도덕적으로 순수하다 할지라도, 그 결과는 비효과적이고, 좌절을 안겨 줄 뿐이고, 시간 낭비만 불러올 뿐인 경우가 더 흔하다.

내 손재주는 절망적일 정도다. 그럼에도 스스로 모든

것을 해결하는 태도를 중시하는 미국인답게, 교양학 전공자는 무슨 일이든지 할 수 있어야 한다는 확신에 따라, 그리고 돈을 아끼려는 선천적인 성격 때문에, 집에서 문제되는 것들은 스스로 수리하려고 한다. 그러나 다른 일을 하느라 보냈으면 훨씬 보람있었을 몇 시간을 낭비한 다음, 결국에는 더 큰 문제를 일으킬 뿐인 경우가 비일비재했다. 한번은 전기 공사를(얼마나 어렵고 위험한 일인가!) 직접하려다가 하마터면 목숨을 잃을 뻔한 위험을 경험하기도 했었다.

그것은 내가 소명 원리를 발견하기 전이었다. 나는 전기 공사를 할 수 있는 권세를 받지도 않았고, 능력도 받지 못했다. 그 지식은 내가 가지지 못한 재능을 요구하는 고도의 복잡하고 위험한 기술을 포함한다. 이제 나는 전기 기술자를 부른다. 이제 나는 기꺼이 나를 위해 그리고 이웃을 위해 하나님의 부르심에 따라 봉사하는 전문적인 소명을 가진 사람들에게 의존하며 감사해 한다.

확실히 하기 위해 덧붙인다. 어떤 사람이 그러한 일에 능숙하다는 것은 그 사람만의 특별한 은사와 부르심의 한 부분이다. 그러나 우리가 부르심을 받고, 그것을 하기 위한 은사를 받은 분야 밖의 일을 하려고 노력한다면, 우리는 헛된 일에 매달리게 되는 것이다. 내가 전기 공사를 하는 대신에, 그 일에 쏟은 시간을 글을 쓰거나 학생들의 리포트를 평가하거나 내 아이들과 함께 즐거운 시간을 보내거나 혹은 아내와 외출했었다면, 그 시간을 훨씬 잘 이용한 결과가 되었을 것이다.

가끔 우리는 자신에게(혹은 다른 사람들을) 좋게 하기 위해 우리의 소명으로부터 멀리 떨어질 때가 있다. 유명한 변증가요, 연설가인 오스 기니스는 그리스도인의 변증으로 유명한 여류 작가 도로시 L. 세이어즈Dorothy L. Sayers의 얘기를 인용한다. 유명 인사가 된 다음, 그녀는 가끔 목회자들로부터 그들의 교회에 와서 그리스도인 명사로서 소명에 관한 말씀을 전하는 특별한 시간을 이끌어 달라는 요청을 받았다. 그러나 그녀는 그러한 일은 그녀를 자신의 소명(창작 활동)으로부터 멀리 끌어가는 것이라고 믿었다. "내가 감히 어떻게 그리스도인의 소명에 관해 얘기할 수 있겠습니까?" 그녀는 몹시 불만스러워 하며 계속 말했다. "그와 동시에 그 사람들은 나를 내 소명으로부터 멀리 떼어놓으려고 애쓰는 것입니다. 내 소명은 글을 쓰는 것입니다. 그런데도 오직 유명 인사라는 이유만으로, 나에게는 재능도 없고 내 소명도 아닌 일을 해보려고 하는 것은 내 시간을 낭비하는 것일 뿐입니다."

진실로 우리는 자신의 지역 교회에서 봉사하도록 부르심을 받았다. 그러나 우리가 말하는 세상적이라는 소명은 실제로는 '거룩한 일'이며, 우리는 그 소명을 수행하는 행동으로 이웃을 섬기고, 우리의 믿음에 따라 사는 것임을 강조하지 않을 수 없다. 루터가 하녀인 한 소녀에게 말했다. "만약 네가 집을 유지하기 위한 허드렛일을 한다면, 그것이 모든 수사들의 거룩함과 엄숙한 인생보다도 귀하다."《대교리문답서》

교회는 성도들에게 '너무 많은 교회'의 일을 요구해서는 안 된다. 그것은 그들의 기본적인 소명으로부터 많은 시간을 빼앗는 것이다. 매일 저녁을 성경 공부, 위원회 모임, 전도 활동, 그리고 다른 여러 가지 소중한 활동 등 교회의 활동에 많은 시간을 바쳤던 때가 있었다. 나는 너무도 많은 교회 일을 하느라, 리포트 평가, 내 가족들과의 시간 등 내 일을 밀어 놓을 수밖에 없었다. (교회의 목회자들 역시 그들은 성직자의 역할이라는 소명만이 아니라, 남편, 아버지로서의 소명도 있다는 점을 기억해야만 할 필요가 있다. 또한 성도들도 목회자들이 그들의 다른 소명을 소홀히 할 수밖에 없는 수준까지 그들에게 과중한 짐을 지워 주어서는 안 된다.) 교회는 가끔 너무 많은 일을 하려고 하는지도 모른다. 우리는 주일 오전에 일어나는 일만으로는 부족하다고 생각하는지도 모른다. 마치 선포된 하나님의 말씀을 통하여 그리스도의 존재 안으로 들어서는 것을 대수롭지 않은 일이라고 생각하는 것같다. 마치 평범한 그리스도인들의 일상생활의 일들만으로는 섬기는 일이 부족하다고만 느끼는 것 같다.

어느 여성이 엄격하게 하나님의 말씀에 헌신할 것을 요구하는 성경 공부에 나가던 때의 경험을 얘기해 주었다. "성경 공부를 항상 최우선으로 생각해야만 했어요." 그 여성이 말했다. 그것은 매일 새벽에 일어나 하루의 첫 번째 일로 성경 공부를 하고, 잠시 경건의 시간$_{Q.T}$을 가져야 한다는 의미였다. 그녀는 그렇게 했다. 그러나 그녀를 힘들게 하는 것은, 매일 아침 그녀가 성경 공부를 하려고 할 때마다 아이가 깨어난다는 사실이었다. 그녀는 하나님과의 시간을 가져보려고 노력했다. 그러나 그때마다 아기가 소란을 피우기 시작했다. 배가 고파 칭얼대며 우는 소리는, 영적인 것과 가까이 하려는 그녀의 정신을 흐트러 놓았다. 그러나 얼마 후, 그녀는 소명 원리를 이해하게 되었다. 아기를 돌보는 것은, 하나님이 그 당시 그녀에게 주신 소명이었다. 엄마로서 아기를 사랑하고 돌보는 것이 그녀의 소명이었다. 주님으로부터의 거룩한 부르심이었다. 그녀는 성경 공부는 나중에 할 수도 있었다. 영적인 것들을 게을리한다고 죄책감을 느껴야만 할 필요는 없었다. 아기를 돌보는 것은 영적인 일이 아닐까?

우리가 부족함에도 우리 일 안에서 역사하시는 하나님

우리가 아무리 큰 죄인이고, 소명에 거스른다 할지라도 (우리의 죄는 너무도 크다) 하나님은 우리 안에서 일하신다. 소명 안에서 활동하시는 것은 하나님의 사랑이다. 그리고 우리가 그것을 우리의 죄에 던져 버리려고 할지라도, 하나님의 뜻을 방해하는 장애물이 되도록 우리 자신을 꾸밀지라도, 하나님께서는 우리 자신의 부족함에도 불구하고, 우리가 하는 일 안에서 역사役事하신다.

가슴에 하나님의 복음을 품지 않은 사람들까지도, 비록 그들은 깨닫지 못한다 할지라도, 하나님의 사역에 봉사한다. 빙그렌은 말한다. "그들의 소중한 위치에서 최선의 기능을 발휘하는 데까지." 그러나 우리들이 하나님께 가까이함은 우리들의 일 혹은 죄에 좌우되는 것이 아니라, 예수 그리스도께서 거져 주신 선물에 의해 좌우된다는 점을 복음을 받아들인 사람은 기쁨으로 확신한다. 하나님께서는 우리 안에서, 우리들을 통해 역사하신다는 점을 그리스도인은 믿음으로 알게 된다.

루터가 하녀인 소녀에게 얘기한 것처럼, 만약 그녀가 소명의 진리를 깨닫는다면, 그녀는 "기쁨에 차 춤추며, 하나님께 감사하며 찬양하고 기뻐할 것이다 … 자신의 일을 성실하게 수행하며, 그로 인해 먹을 것과 급료와 함께, 위대한 성자라고 칭함받는 사람들도 가지지 못한 소중한 보배를 얻게 될 것이다."

"너는 어떻게 이보다 더 큰 축복을 받고, 더 거룩한 인생을 살아갈 수 있겠느냐?" 그가 그 소녀에게 물었다. "하나님이 보시기에, 사람을 거룩하게 하는 것은 믿음이며, 우리의 일은 사람을 섬기는 반면에, 믿음 오직 그것은 하나님을 섬긴다. 이제 너는 하나님 안에서 모든 축복을 받고, 보호받고, 거하게 되었다. 그리고 그보다도 더 큰 것은 기쁨에 찬 양심과 은혜로우신 하나님이시다."《대교리문답서》

10

소명 안에서의 십자가

소명 원리는 전적으로 현실적이다. 그리고 현실의 한 부분은 우리의 소명에서 가끔 부딪히는 난관, 좌절, 실패를 인식하는 것이다. 그렇다. 일은 우리에게 만족감과 성취감을 안겨 줄 수 있다. 그러나 가끔은 동시에 힘들고 따분하고 헛될 수도 있다. 자녀를 가지는 것은 놀라운 기쁨이다. 그러나 가끔은 그 자녀들이 부모의 가슴을 찢어놓는 때도 있다. 결혼은 축복이다. 그러나 가끔은 싸움도 하고, 말다툼도 벌이고, 감정적으로 위태로운 상황을 경험하기도 한다. 국민으로서 나라를 사랑하는 것은 좋은 일이다. 그러나 지도자가 부패하고 법이 부당할 때는 국민

됨이 실망과 부담이 된다. 우리는 교회를 통해 은혜와 기쁨을 누린다. 그러나 가끔 교회 활동에 방해를 받을 때는 싫증이 날 정도의 좌절을 안겨 주기도 한다.

결혼, 자녀를 가짐, 그리고 일에서 사람의 소명은 땅 위의 모든 것들과 마찬가지로, 저주를 받았음이 분명하다(창 3:16-9). 아담과 하와는 에덴동산에서 쫓겨나고, 그룹들과 두루 도는 불 칼을 두어 우리가 그곳에 들어가는 것을 막는다(창3:22-24). 그러므로 우리는 유토피아는 차치하고, 완벽한 정부, 완벽한 교회도 기대할 수 없게 되었다. 그럼에도 여자의 후손이 나타나고, 여자의 후손이 뱀의 머리를 상하게 하고 뱀은 그의 발꿈치를 상하게 할 것이다(창3:15). 우리는 죄의 그늘 속에 그대로 남아 있었지만 예수님께서 그러한 우리를 위해 십자가에서 고통받으시고, 죽으심으로 우리의 죄를 깨끗하게 주셨다.

루터의 소명 원리는 그의 신학의 여러 단면들(의로움, 정화, 은혜의 수단, 두 왕국 등)과 연계되어 있다. 또한 그의 고통받음에 관한 목회적인 가르침에도 연관되었다. 우리는 이미 소명과 관련하여 하나님의 숨어 계심에 관해서 논의했다. 그러나 하나님께서 나타내시지 않을 때는 그 무엇보다도 당신의 성육신 안에 당신을 숨기시기에, 왕이나 무적의 전사戰士 혹은 다른 그 어떤 화려한 소명으로 오시리라고 기대했다. 그러나 그분은 태어날 방 한 칸조차 없어 구유에서 이 세상을 맞이한다. 가난한 목수의 아들로 어린시절을 보낸다. 그리고 그분은 성인이 되었을 때 사람들에게서 멸시받고, 거부당했으며, 국가에 의해 처형당하는 죄인의 신분으로 십자가에 달리셨다. 그럼에도 하나님의 친아들로서 겪으셔야만 했던 그 수치와 고통을 통하여, 그분은 승리하시고 우리를 구원하셨다.

루터는 그가 일컫는 '영광의 신학'과 '십자가의 신학'을 분류한다. 우리가 영광을 갈망하는 것은 성공, 승리 그리고 영원히 행복한 삶을 갈망하는 것은 오히려 자연스럽다. 우리는 성공하는 삶을 약속해 주고, 우리의 모든 질문에 대한 합리적인 대답을 제공해 주고, 성장과 번성을 약속해 주는, 영광의 종교를 선호한다. 그러기에 그 '영광의 신학'은 더욱 인기를 얻고, 설득력이 있었다.

문제는(우리 인간의 생각으로는), 하나님이 우리를 십자가라는 도구를 사용해 구원하셨다는 점이다. 하나님이 우리에게 주신 그리스도인의 인생은 십자가의 인생이다. "또 무리에게 이르시되 아무든지 나를 따라 오려거든 자기를 부인하고 날마다 제 십자가를 지고 나를 좇을 것이니라"(눅9:23). 이것은 단지 그분의 많은 제자들이 경험한 것과 같은 또다른 순교를 의미하는 것도 아니고, 그리스도인들이 견디어내야만 하는 '살의 찢어짐'도 아니다. 그것은 '매일' 지고 가야 하는 그 무엇이다.

이것에 그 무엇이 수반될지라도(그리스도인의 인생을 구성하는 회개와 용서함의 형태, 거부와 처벌, 그리스도인이 경험하게 될 가볍거나 쓰라린 육체적 고난과 그 누구도 빠져나갈 수 없는 마지막의 죽음) 루터는 그 모든 것이 소명과 관련되어 있다고 생각했다. 지고 가야 하는 "자신의 십자가"는 각 개인에 따라 다를 수밖에 없지만 십자가의 길은 우리의 영적인 삶이 오직 승리와 기적과 성공만으로 구성되어 있지 않음을 의미한다.

그 점을 분명히 하기 위하여, 하나님께서는 가끔 영원한 인생에서 당신의 사람들을 위하여 예비하신 승리와 영광을 새롭게 회복시켜 주신다. 예수님께서는 죽으셨다. 그러나 그분은 죽음에서 다시 살아나셔서 하늘에 오르셨다. 그리고 사도신경의 말씀과 같이 그분이 다시 오실 때는 '영광과 함께' 오신다. 그러므로 그리스도인의 인생에는 영광이 있다. 그러나 그때까지 우리는 십자가를 져야만 한다. 그리고 우리가 그렇게 할 때 예수님께 더욱 더 의존하도록 이끌림을 받게 된다는 것을 깨닫게 된다. 우리의 기도는 강렬해지고, 그분의 말씀에 매달리게 되고, 예수님께서는 우리의 죄와 함께 우리의 질고를 짊어지셨음을 깨닫고(사53:4) 그분에 대한 우리의 믿음은 성장하고 더욱 더 깊어진다.

소명에서의 시련

소명에서 우리에게 어려움을 안겨 주는 것이 죄는 아니다. 우리는 시련과 마주치기도 하고, 고난과 마주치기도 한다. 가끔은 실패를 경험하기도 한다.

부모는 아기를 낳고, 그 아이를 보살피고, 하나님의 말씀 안에서 키운다. 그런데도 그 아이는 성장하여 지금까지 배워온, 부모가 소중히 하는 모든 것들을 거부한다. 부모는 아이를 사랑하며 키우라는 소명을 받았다. 그러나 그 아이는 그 모든 것으로부터 멀어졌다. 부모는 괴로워한다. 우리는 부모로서 실패한 것일까? 우리가 좀더 잘할 수 있었던 일은 무엇이었을까? 우리가 어떻게 해야 아이들을 돌려놓을 수 있을까?

사업가는 회사를 세우고, 직원을 고용하고, 대중에게

상품과 서비스를 제공한다. 그것은 그의 소명이고, 그는 그 일을 매우 잘한다. 그러나 경제 상황이 나빠지는 경우, 직원들을 해고해야 한다. 노력은 해보았지만 그의 사업을 구해낼 수도 없었다. 파산을 피할 수 없었다. 그런 경우 그 사업가는 생각한다. "이제 내 소명은 어떻게 되는 것인가?"

목회자는 교인들의 부름을 받는다. 그는 하나님의 말씀을 가르치고, 복음을 선포하고, 그들에게 세례를 주고, 성찬식을 거행하는 등, 교인들의 영적인 성장을 위해 신실하게 그들을 섬긴다. 그런데 시간이 흐르자 그들은 그에게서 돌아선다. 어쩌면 다른 종류의 듣기 좋은 설교를 원한다거나 혹은 감정적으로 상처받은 어느 가정이 이제는 그 목회자를 교회에서 몰아내려 하는 등, 사소한 문제로 인해 그렇게 되었을 수도 있다. 혹은 그 목회자가 자신의 소명에 따라 전달하는 말씀을 거부하는 것과 같은 심각한 이유가 있는지도 모른다. "하나님께서는 나를 여기로 부르시지 않으신 것일까?" 그 목회자는 이렇게 생각한다. "내 사역이 왜 그들에게는 받아들여지지 않는 것일까?"

소명에서의 실패는 항상 나타난다. 유능한 정치인이 투표에 의해 그들의 역할로부터 쫓겨난다. 덕망 높은 장군

이 전쟁에서 패배한다. 근로자들이 직장을 잃기도 한다. 아마 뛰어난 능력을 보여 주지 못했기 때문일 수도 있지만 아무튼 그들이 어떻게 생각하는지에 관계없이 그 역할을 그만두게 된다. 가끔은 어떤 일을 분명히 소명으로 받은 성실하고 유능하고 재능 있는 근로자까지, 증권시장의 갑작스러운 대폭락으로 인해 회사가 어렵게 되는 바람에, 그들로서는 어쩔 수 없이 해고를 당하는 경우도 있다. 자신은 작가로서의 소명을 받았다고 생각하는 사람이 그의 책을 출판해 줄 출판사를 찾지 못하는 경우도 흔하다. 한때는 건강하고 화목하게만 보였던 결혼 생활이 안으로부터 붕괴되는 경우도 있다.

밖에서 여러 가지 기준에 비추어 판단해 보아도, 자신에게 주어진 소명을 성공적으로 수행하는 사람이라고 보여지는 경우라 해도 스스로 실패했다고 느끼는 사람들도 있다. "이것은 내가 진정으로 하고 싶어하는 일이 아니야." 그들은 생각한다. "나는 훨씬 잘할 수 있었어. 그런데도 나를 인정해 주는 사람이 없어. 그러니 이 일이 좋을 게 뭐가 있겠어?" 오스 기니스는 『소명』에서 모차르트의 경우를 예로 들었다. 그는 인류 역사상 가장 놀라운 재능을 받았던 인물들 중의 한 사람임이 분명하다. 그럼에도 기록된 바에 의하면, 그는 상실감과 함께 찾아온 것은 회복이 불가능한 실패감과 고독감이었다고 했다.

가끔은 시련이 확연하게 드러나지 않는 경우도 있다. 자신의 소명에 지쳤음을 느끼기도 한다. 만족감은 사라지고 짜증만이 남아 있음을 느끼기도 한다. 완전히 소진되어 버렸다고 느끼기도 한다. 셰익스피어는 어쩌면 극작가라는 자신의 장엄한 소명에 비추어, 그 점에 대해 유명한 글을 남겼다. "내가 가장 좋아하는 일이 가장 큰 만족감을 안겨 주지는 못한다."

이러한 것들은 짊어지고 가야만 하는 십자가이다. 쉬운 대답 혹은 해결책은 없다. 만약 그러한 대답이 있다면 그것은 십자가가 아닐 것이다.

유혹

종종 유혹은 시련으로 나타난다. 구스타프 빙그렌은 소명에서의 유혹을 "사람을 소명으로부터 떨어지게 하려는 악마의 노력이다"라고 말했다. 즉 하나님은 사람을 어떤 소명으로 부르셨기 때문에, 그 사람을 그 소명으로부터 떼어놓으려는 것은 악마의 술책이다.

문제가 많은 결혼 생활을 하고 있는 부부라면, 그들의 문제를 해결하려고 노력하는 대신에 이혼이라는 유혹을 받게 된다. 좌절한 예술가는 자신의 예술 활동을 중단해 버리고 싶은 유혹을 받는다. 문제가 되는 일을 해결하는 가장 쉬운 방법은 그만두는 것이지 않는가? 어려움이 많은 교회를 이끌고 있는 목회자는 사역을 그만두고 싶은 유혹을 받는다. 빙그렌의 의견에 의하면, 자신의 소명을 포기하려는 이러한 충동은 악마로부터 온 것이다.

어떤 실패의 경우에는(해야 하는 일을 잘하지 못한다거나, 직업을 잃게 되는 경우) 그들의 소명이 아니기 때문에 실패하는 경우도 있다. 자신으로서는 어떻게 해볼 수 없는 사유로 인해 파면 혹은 해고를 당하거나, 사업에 실패하거나, 혹은 다른 방식으로 소명을 잃는 경우, 어쩌면 그것은 당신이 다른 소명으로 부름을 받았다는 것을 의미하는지도 모른다. 어떤 교회에서는 소명을 수행하는 데 어려움을 겪는 목회자가 다른 교회에서는 자신의 성스러운 소명을 잘 수행하는 경우도 있다. 그러나 부부가 아이들의 입장은 생각해 보지도 않고 이혼을 해 가정을 파괴해 버리는 것처럼, 하나님이 주신 소명을 거부하는 것은, 악마가 일하기 때문일 수도 있다(그러나 그리스도께서는 다른 모든 죄와 같이, 그러한 죄도 용서하신다).

그러나 성공을 했기 때문에 자신도 모르는 사이에 슬금슬금 다가오는 유혹도 있다. 빙그렌은 말한다.

"자신의 역할을 섬김을 위한 것 대신에 이기적인 권력을 위한 가능성으로 간주하고, 섬김 대신에 자만해 하는 것은 소명을 거스르는 죄를 범하는 것이다. 그 사람은 자연적으로 낮은 데로부터 높은 곳으로 올라가기를 갈망하고, 그는 섬기려는 것으로부터 멀리 피하기 위해 악한 쪽을 따른다. 명예와 자기 만족을 안겨 주는 화려함을 향해 올라가기를 원하는 갈망으로부터 비롯된 바로 그의 행동은, 희생적인 사랑으로부터 만물을 창조하시기 위해 허리를 굽히셨고, 낮은 곳에 처해 있는 모든 사람들과 가까이서 계신 살아 계신 하나님과 그 자신을 갈라놓는 결과가 된다. 그 사람은 이웃들을 져버린다. 그리하여 그 사람은 하나님이 아니라 그를 소명의 길로부터 멀리 떨어지도록 인도한 악마와 함께 살게 된다."

달리 말해, 악마는 소명을 가진 자를 화려한 길로 유혹한다. 섬기는 대신에 섬김 받기를 주장한다면, 소명은 자만에 빠지는 기회가 된다. 이러한 정신은 하나의 거만한 마음이 생기게 한다. 그러한 소명을 가진 사람은 하나님께 의존할 필요를 느끼지 못한다. 성공적인 지위에 오른 사람은 자기 스스로 모든 일을 충분히 할 수 있다고 생각하기 때문에 전혀 복음을 필요로 하지 않는 것은 분명하다. 악마는 그 소명을 비틀어 놓고, 이웃을 위한 사랑과 하나님을 향한 사랑을 갉아먹는다.

이와는 대조적으로 그리스도인은 그 자체 안에 자기 부인과 겸손함으로 자신의 소명을 섬김을 위한 기회로 사용한다. 이것이 하나님의 사랑과 섬김의 모습이고, 십자가의 길이다. 빙그렌은 루터의 저서에서 여러 부분을 인용하며 이렇게 기록했다.

"하나님의 역사는 타락한 사람들과 죄인을 찾으시는 하나님의 자기 희생적인 사랑에 의해 결정된다. 루터는 하나님은 자신을 창조자라고 구별하시면서도, 자신을 미천한 인간들에게 내어주시는 모습을 통해 마치 인간이 자신의 사명에 성실함을 보일 때처럼 움직이신다고 말한다. 하나님은 항상 무$_無$에서부터 무언가를 창조하시는 분이다. 같은 맥락에서 죽음의 상태에 있었던 버림받고 무력한 인간들에게 관심을 보이셨다는 것이다. 골고다 언덕의 십자가에서 그리스도께서는 세상의 멸시와 버림받았지만, 이를 통해 자신이 진정한 창조자이심을 드러냈고, 아무런 가치도 없는 것을 위해 가장 고귀하고 값비싼 일을 하셨다. 그러므로 항상 절망적이고, 부족한 것이 많고, 나약한 상태에 있을 수밖에 없는 그리스도인들은 '무無'에서 창조하신 하나님께서 바로 그런 존재임을 기억할 필요가 있다."

시련과 고난과 실패까지도, 그리스도인들에게 그들의 나약함과 하나님께 전적으로 의존하고 있음을 깨닫도록 해준다. 그리고 그것은 우리의 도움을 필요로 하는 이웃이 있다는 것과 사랑으로 그들을 섬기기를 원하는 갈망을 강조해 준다.

이것은 고통이 일종의 '선행' 혹은 은혜의 수단이라는 의미는 아니다. 수도원의 수도자들이 스스로 가하는 고통은 그들이 스스로 찾는 상일 뿐 소명 안에서 고난의 상은 아니다. 루터는 십자가는 스스로 선택하는 것이 아님을 명확히 해준다. 즉 스스로 선택한 채찍질이 십자가는 아니다. 자신에게 어려움을 안겨 주리라는 점을 알면서도 만에 빠지는 기회가 된다. 이러한 정신은 하나의 거만한 마음이 생기게 한다. 그러한 소명을 가진 사람은 하나님께 의존할 필요를 느끼지 못한다. 성공적인 지위에 오른 사람은 자기 스스로 모든 일을 충분히 할 수 있다고 생각하기 때문에 전혀 복음을 필요로 하지 않는 것은 분명하다. 악마는 그 소명을 비틀어 놓고, 이웃을 위한 사랑과 하나님을 향한 사랑을 갉아먹는다.

이와는 대조적으로 그리스도인은 그 자체 안에 자기 부인과 겸손함으로 자신의 소명을 섬김을 위한 기회로 사용한다. 이것이 하나님의 사랑과 섬김의 모습이고, 십자가의 길이다. 빙그렌은 루터의 저서에서 여러 부분을 인용하며 이렇게 기록했다.

"하나님의 역사는 타락한 사람들과 죄인을 찾으시는 하나님의 자기 희생적인 사랑에 의해 결정된다. 루터는 하나님은 자신을 창조자라고 구별하시면서도, 자신을 미천한 인간들에게 내어주시는 모습을 통해 마치 인간이 자신의 사명에 성실함을 보일 때처럼 움직이신다고 말한다. 하나님은 항상 무無에서부터 무언가를 창조하시는 분이다. 같은 맥락에서 죽음의 상태에 있었던 버림받고 무력한 인간들에게 관심을 보이셨다는 것이다. 골고다 언덕의 십자가에서 그리스도께서는 세상의 멸시와 버림받았지만, 이를 통해 자신이 진정한 창조자이심을 드러냈고, 아무런 가치도 없는 것을 위해 가장 고귀하고 값비싼 일을 하셨다. 그러므로 항상 절망적이고, 부족한 것이 많고, 나약한 상태에 있을 수밖에 없는 그리스도인들은 '무無'에서 창조하신 하나님께서 바로 그런 존재임을 기억할 필요가 있다."

시련과 고난과 실패까지도, 그리스도인들에게 그들의 나약함과 하나님께 전적으로 의존하고 있음을 깨닫도록 해준다. 그리고 그것은 우리의 도움을 필요로 하는 이웃이 있다는 것과 사랑으로 그들을 섬기기를 원하는 갈망을 강조해 준다.

이것은 고통이 일종의 '선행' 혹은 은혜의 수단이라는 의미는 아니다. 수도원의 수도자들이 스스로 가하는 고통은 그들이 스스로 찾는 상일 뿐 소명 안에서 고난의 상은 아니다. 루터는 십자가는 스스로 선택하는 것이 아님을 명확히 해준다. 즉 스스로 선택한 채찍질이 십자가는 아니다. 자신에게 어려움을 안겨 주리라는 점을 알면서도 선택한 일이 십자가는 아니다. 단지 자기를 학대하는 일일 뿐이다. 우리의 의지와는 상반되는 일들(우리의 의지와 상관없이 지는 십자가)이 우리가 짊어지고 가야 할 고난의 십자가이다. 그것은 커다란 고통이어야만 할 필요는 없다. 인생에서 사소하고 세상적인 일들도 우리가 지고 가야만 하는 십자가일 수 있다.

이미 언급했던 바와 같이 하나님이 소명 속에 숨어 계신다면, 그분은 골고다에서처럼, 십자가 안에 숨어 계신다. 그렇다면 어떻게 숨어 계신 하나님을 찾을 수 있을까? 소명 안에서 시련과 고난 그리고 유혹을 경험할 때, 그리스도인들은 어떻게 해야 하는가?

소명 안에서의 기도

"고난은 우리를 기도하도록 몰아붙인다"고 개혁 신학자들은 말한다. 일하는 사람들은 누구에게나 "모든 길이 막혀버렸다"라고 이야기하는 때가 있다. "특별한 의미에서 그때가 바로 기도해야 할 때이다." 루터는 우리가 어떻게 해야 할 바를 모를 때 가장 강력하고, 진지하게 기도한다고 말한다. 문제 그 자체가 포기해 버려야 할 만큼의 큰 압박을 가할 때, 우리로서는 어떻게도 해볼 수 없는 자포자기적인 상황에 처했을 때, 우리의 기도가 가장 강렬해지고, 진지해진다는 것이다. 그 절망의 순간에 우리는 주님에게 자신을 온전히 내맡긴다. "우리가 원하는 것은 보이지 않고, 압박은 계속 가해져 올 때", 루터는 묻는다. "그 기도가 그런 것에 의해 더욱 더 강렬해지는가?"(산상설교, 빙그렌이 인용)

어떤 기도가 진정으로 하나님을 우리의 소명 안으로 오시도록 할까? 물론, 하나님은 우리의 기도가 없더라도 우리의 소명 안에서 활동하신다. 그러나 루터의 교리문답서에서 주기도문의 네 번째 기도에 관해 얘기한 것처럼, "하나님은 우리가 기도를 하지 않아도 일용할 양식을 주신다. 또한 사악한 사람들에게도 주신다. 그러나 우리가 그 기도를 하는 것은, 하나님이 매일 일용할 양식을 주신다는 것을 알고 감사하는 마음과 함께, 그것을 받도록 이끌어 주시기 때문이다." 즉 기도는 하나님께서 우리가 처한 상황에서 일하실 수 있도록 이끌어 주신다. 그러나 기도는 우리에게도 영향을 끼친다. 우리가 일용할 양식을 구하기 위해 간절히 기도하는 것은 마치 우리가 기도하지 않으면 양식이 부족하여 굶주리게 되기 때문에 하나님께 일용할 양식을 주실 것을 기도하는 것은 아니다. 오히려 하나님은 자연의 법칙을 통하여, 구체적으로는 소명을 통하여, 온 세상 사람들에게 일용할 양식을 은혜로 베풀어 주신다. 사악한 사람들에게까지도 일용할 양식을 제공하신다. 그러나 우리가 기도할 때 우리는 점점 더 감사하는 마음과 함께, 하나님께서 우리를 먹이신다는 점을 알게 된다.

우리가 기도할 때 하나님께 의존하고 있음을 알고, 하나님의 뜻을 향해 돌아서게 된다. 우리가 소명 안에서 기도할 때 우리는 하나님의 뜻, 그분의 심판, 그분의 은혜에 연관되어 있음을 알게 된다. 하나님은 우리의 소명 안에 숨어 계신다고 얘기했다. 그러므로 우리는 기도를 통해서 가면을 들어올려 숨어 계신 하나님을 보게 된다.

"기도는 문이다"라고 빙그렌은 말한다. "창조주이시며 우리의 주님이신 하나님은 그 문을 통하여 우리로서는 알 수 없는 방법으로 가정, 일터, 공동체로 들어오신다." 빙그렌은 우리가 기도하지 않고 자신의 소명을 이루려고 한다면, 그것은 하나님이 우리의 일에 들어오시지 못하도록 문을 닫아거는 것과 같다고 한다. "그러므로 한 사람의 관계와 상황을 모두 포함하는 소명은, 오직 끊임없이 새롭게 드리는 기도에 의해서만 올바르게 이룰 수 있다."

우리는 소명 안에서 가정이나 일터, 혹은 공동체나 교회에서의 모든 문제에서 우리에게 필요한 것을 위하여 기도한다. 그리고 하나님은 우리의 소명이라는 측면에서 응답해 주신다. 하나님은 실제로 그 문제를 해결하기 위해 간섭하실 수도 있다. 혹은 그 문제가 하나님의 진노와 심판의 암시임을 깨달을 수도 있다. 우리로 하여금 회개하고, 그분의 용서함을 구하도록, 하나님의 말씀과의 연결점으로 우리를 인도하시는 것임을 깨달을 수도 있다. 혹은 우리의 소명 안에서 우리를 불리하게 했던 사람을 용서해야 할 필요가 있음을 깨닫게 될지도 모른다. 그러나 하나님이 우리의 기도에 대해 어떻게 응답다하신다 해도, 우리의 상황을 변화시켜 주실지 혹은 우리 자신을 변화시켜 주실지, 우리는 그 결과를 온전히 하나님께 맡겨야 한다.

우리가 해야 할 부분은 우리의 소명을 수행하는 것이다. 결과는 온전히 하나님께 속한다. 걱정과 모든 무거운 짐은 하나님께 맡겨야 한다.

아버지와 어머니들은 자녀들의 부모로서의 소명을 수행한다. 완전하지는 못할지라도, 하나님의 도우심과 끊임

없는 기도와 함께 부모의 역할을 다하기 위해 노력해야 한다. 이것으로 부모의 역할은 다한 것이다. 그 나머지는 하나님의 손에 맡겨야만 한다. 만약 그들의 자녀가 성장하여, 잘못된 길로 나아간다 할지라도, 이로 인해 그들이 자책하며 괴로워할 필요는 없다. 그들은 자신의 소명을 수행한 것이다.

그러나 부모는 자녀를 위한 기도를 중단해서는 안 된다. 한 아이에게 마땅히 행해야 할 길을 가르쳤다면(잠 22:6), 그 아이가 성장할 때까지 아무리 잘못된 길을 걷는다 할지라도, 성장한 다음에는 그 길에서 돌아서서 올바른 길로 갈 것이라는 믿음을 가지고, 끊임없이 기도해야 한다. 자녀가 성장하면 그 자녀가 올바른 방향으로 나아가고 있다 할지라도, 그 자녀를 잉태하고, 낳고, 기르고 보살피는 소명을 다한 부모는, 그 아이가 무엇을 하기로 결정했든, 오직 그 아이를 하나님께 맡겨야 할 뿐이다.

이와 비슷한 일들이, 그리스도인이 사업을 시작할 때(사업은 파산해 버릴 수도 있다), 혹은 선거에 출마할 때(그 결과는 참담한 패배로 나타날 수도 있다), 혹은 사역 활동, 투쟁, 결혼 등의 새로운 모험에 뛰어들었을 때도 나타날 수 있다. 당신의 역할을 기도로 채워라. 결과, 미치는 영향, 성과는 대부분 당신이 권한을 넘어선다. 그러나 하나님의 권한을 벗어나지는 못한다. 장래는 하나님 손안에 들어있다는 것과 앞으로 일어날 일에 대하여 걱정할 필요가 없다는 것을 인식하는 것은 자유이다. 여기에서 다시 모든 소명을 살펴본 루터의 글을 인용한다.

"**일하라.**
그리하여 하나님이 그 열매를 당신에게 주시도록 하라.
지배하라.
그리하여 하나님이 그것을 번성케 하시도록 해드려라.
설교하라.
그리하여 하나님이 각 사람의 가슴에 경건함을 불어 넣도록 해드려라.
결혼하라.
그리하여 하나님이 당신에게 자녀를 주시도록 하라.
먹고 마셔라.
그리하여 하나님이 당신에게 건강과 힘을 주시도록 해드려라.
그러면 우리가 무엇을 하든지, 그 뒤를 따라, 그분은 우리 주위의 모든 것에 영향을 미치실 것이다. 영광을 받으

실 분은 그분뿐이시다." ('시편 147편 해설' 빙그렌 인용)

하나님은 소명 안에서 우리를 통해 일하신다. 우리는 단순히 그분의 도구일 뿐이다. 우리가 그 점을 인식할 때, 여유를 가질 수 있다.

우리는 루터의 '산상 설교 해설'에서의 소명 기도를 인용한다.

"주여, 당신의 말씀을 듣는 저는, 당신을 기쁘게 해드려야 하는 위치에 있음을 잘 알고 있습니다. 당신은 저의 부족함을 잘 아시고, 오직 당신의 도움이 아니라면 저는 아무것도 할 수 없다는 것을 알고 있습니다. 그러므로 주님, 도와주옵소서. 당신은 우리에게 구하고, 찾고, 두드리라고 하셨으며, 그렇게 하면 우리는 필요한 것을 받고, 찾고, 가지게 되리라 말씀하셨기 때문입니다."

하나님의 말씀의 약속과 나의 소명에 따라 하나님이 지금 자리에 나를 있게 하셨다는 확신은, 하나님은 신실하신 분이시기에, 비록 내가 눈으로 직접 그분을 볼 수 없을지라도, 내 인생 안에서 그리고 내 인생을 통하여 일하시며, 틀림없이 나를 이 자리에 있게 하셨다는 자신감과 확실성의 근거가 된다.

소명 안에서의 믿음

특히 소명 안에서 시련과 고난을 마주했을 때 기도해서 응답받는 것과 같은 하나님께 대한 신뢰는, 믿음의 표현이다. 우리가 구원을 받기 위해 그리스도를 믿는 것과 같이, 우리는 인생의 모든 소명 안에서 그리스도를 믿게 되고, 그리하여 우리의 십자가를 지고 가며, 우리는 점점 더 그분의 십자가에 의지하게 되며, 믿음 안에서 성장하게 된다.

고난을 십자가로 변화시키는 것은 믿음이다. 빙그렌은 말한다. "우리는 하나님의 뜻에 의해 실패, 패배, 장애, 그리고 쓰라린 일들을 당할 때가 있다. 그러나 시련과 고난은 우리를 하나님께로 더 가까이 가도록 밀어 주며, 그것은 우리에게 해가 되기보다는 혜택이 된다."

반면에, 믿음이 없는 사람에게는 "인생의 쓰라림이 실제로도 나쁜 그 무엇일 뿐이다. 그것은 하나님의 진노에서 사람을 사탄의 권세에 넘기셨음을 증명한다. 그 사람은 지속적인 조급함, 반감, 이기심에 빠졌기 때문이다. 고난을 통하여, 그 사람은 하늘나라가 아니라 파멸로 이끌려 가게 된다." 악마의 과제는 예수 그리스도에 대한 믿음이 없는 사람들 앞에 장애물을 굴려 보낸다는 것이다. 그리고 그 사람들의 어려움은 그들을 하나님으로부터 점점 더 멀리, 그들이 구원받지 못하는 상태로 점점 더 깊이 내려 보낸다.

루터의 자연 신학에 대한 접근은, 하나님이 악마를 허용하시는 데 대한 다른 설명을 하지는 않는다. 그러나 고난의 인지에 있어서 믿지 않는 사람의 관점과 믿는 사람의 관점(십자가라는 관점)의 차이를 구분해 준다. 그것은 단순한 고난이 아니다. 모든 인생에서, 모든 소명에서, 믿음에 의해 변화되거나 혹은 믿음이 없음으로 인해 어두워지는 것이다.

이 믿음은 휴식과 만족과 평화를 주고, 걱정을 쫓아낸다. 그러나 믿음이 없는 사람은 자신의 감정, 생각, 인지認知에 따라 판단하고, 점점 많아지는 걱정에 사로잡힌다. 그 사람은 이웃의 비참함은 느끼지 못하고, 오직 자신의 비참함만을 느끼기 때문에, 자신의 특권만이 아니라, 이

옷이 얼마나 불행한지도 보지 못한다. 이 불만스러운 감정의 결과는 싫어하는 마음과 근심과 인생 전체를 통한 고생뿐이다. 그 사람은 점점 짜증스러워 하고, 하나님을 늘 원망한다. 하나님을 찬양하지도 않고, 하나님을 향한 사랑도, 감사함도 없다 … 그는 자신의 인생을 한탄스러워할 뿐이고, 그 대가는 지옥이다. 여기에서 당신은 모든 것에서 믿음이 필수적임을 보게 된다. 믿음이 모든 것을 얼마나 쉽고, 선하고 유쾌하게 해주는지를, 순교자들이 증명해 보이는 것처럼 감옥에서도, 죽음에서까지도 그렇게 해주는지 보게 된다. 그러나 믿음이 없이는 모든 것이 힘들고, 짜증나고, 불행하기만 하다. 큰 권력을 누리고 부유하면서도 비참한 일생을 살다 간 사람들을 많이 보아왔지 않은가?"(커셴포스틸Kirchenpostille 빙그렌 인용)

이것은 각자의 십자가를 지고 가야만 하기에 신실한 그리스도인이라고 해서 항상 행복하다는 의미가 아니라 오히려 행복과 멀 수도 있다. 비그리스도인은 항상 불행하다는 의미도 아니다. 후자의 경우, 지고 가야 할 십자가가 없기 때문에 무슨 일을 하든지 그리스도인보다 편한 시간을 가질 수 있다. 중요한 것은, 믿음은 무의미함을 경험할 뿐인 상황에서도 내적인 의미를 준다는 점이다.

두 목수가 나란히 같은 일을 한다. 한 사람은 그리스도인이고, 다른 한 사람은 비그리스도인이다. 외적으로 보기에 그들의 일은 똑같다. 두 사람 모두 같은 기술을 가지고 같은 규칙에 따라 같은 일을 한다. 그들은 생업이라는 측면에서만이 아니라, 창조적인 일을 수행하며 만족감을 얻는다는 측면에서까지, 그들의 소명에 관해 같은 생각을 할 수도 있다. 목수가 되려고 하는데 그리스도인이라 해서 비그리스도인 목수와 대조하여 특별히 요구하는 차이가 있는 것은 아니다. 그럼에도 한 사람은 자신의 일을 소명 속에서 완성하고, 다른 한 사람은 하나님을 거부하고 오로지 자기 자신의 능력으로 완성하려고 한다.

어느 날 발판이 떨어지는 사고가 발생했다. 두 사람 모두 부상당했고, 병원에 실려가 같은 병실에 나란히 누워 치료를 받는다. 그들은 똑같은 고통을 느낀다. 그러나 그리스도인은 고통 속에서도 기도한다. 그는 바로 완치되지는 않았지만, 자신의 믿음을 실행한다. 믿지 않은 사람은 그냥 고통스러워할 뿐만 아니라, 자신의 고통을 무의미하게 생각한다. 그리고 자신이 믿지도 않는 하나님을 원망한다.

두 사람 모두 치료되었다. 그리고 다시 일을 시작했다. 그리스도인은 하나님과 더 가까워졌고, 비그리스도인의 비참한 마음은 커져만 갔다. 그가 자신의 능력만으로는 부족함을 깨닫고, 오래 전부터 그리스도에 관해 얘기하려고 애쓰던 동료의 얘기에 귀를 기울일 때까지, 그의 무력감은 점점 더 커지기만 할 것이다.

소명 안에서의 휴식

 소명 원리는 일에 관해 신학적으로 생각해 볼 수 있는 방법을 제공한다. 그러한 시각에서 가정과 사회와 같은 제도를 바라보면, 사회와 문화에 대해서도 신학적으로 생각해 볼 수 있다. 소명 원리의 회복은, 그리스도인들이 소명의 충만함으로 그들의 믿음을 안고 이 세상 방방곡곡 산간벽지까지 들어가 그들의 문화에 다시 영향을 끼치는 데 도움을 줄 수 있다.

 소명 원리는 믿음 그리고 선한 일과 관련되는 그리스도인 인생의 신학이다. 그것은 평범한 인생의 신학이다. 그리스도인들은 많은 사람들이 하나님을 섬기기 위해 사역

분야, 복음 전파 사역 등으로 부름을 받기는 하지만, 꼭 그런 소명을 받아야 하는 것은 아니다. 그리스도인이라고 반드시 신비로운 경험을 해야만 하는 것은 아니다. 오히려 그리스도인의 소명 안에서, 우리는 삶의 거의 모든 시간을 평범하게 보이는 인생길에서 살아간다. 그리스도인의 인생은 우리의 가정 안에서, 직업 안에서, 우리의 공동체 안에서, 교회 안에서 살아가는 것이다. 이러한 것들을 세속적이라고 여기는 것은 우리의 눈이 가리워졌기 때문이다. 실제로 하나님은 우리들 안에 강력하게, 그러나 눈에 보이지 않게 존재하신다.

브살렐의 소명

성경에서 소명 원리를 처음으로 뚜렷하게 다룬 것은 시내산에서였다. 모세는 십계명을 받았고 하나님은 그에게 당신이 얼마나 경배받기를 원하시는지 보여 주었다. 피의 번제는 정교한 상과 정금 등대와 분향단, 번제단 그리고 각각의 기구들이 필요했고(출 31:7-9), 그 예배는 하늘나라의 정원 그 자체를 반영하는 회막에서 거행해야 했음으로, 누군가는 그 모든 것을 만들어야만 했다.

"여호와께서 모세에게 말씀하여 이르시되 내가 유다 지파 훌의 손자요 우리의 아들인 브살렐을 지명하여 부르고 하나님의 영을 그에게 충만하게 하여 지혜와 총명과 지식과 여러 가지 재주로 정교한 일을 연구하여 금과 은과 놋으로 만들게 하며 보석을 깎아 물리며 여러 가지 기술로 나무를 새겨 만들게 하리라"(출 31:1-5)

하나님은 예술가가 되도록 브살렐을 부르셨다. 이것은 개인적인 부르심(그를 지명하여 부르심)이다. 그는 하나님의 은사로 기술을 갖추고, 그의 소명을 통하여 하나님의 목적을 수행할 수 있었다.

나는 또다른 책 『예술의 훌륭함 State of Arts』에서, 출애굽기에서 언급한 능력, 지혜, 총명, 지식, 정교함이라는 구체적인 재능은, 실제로 모든 예술가와 훌륭한 예술 작품에는 필수적인 은사들이라고 이야기했다. 그 각각은 빼놓을 수 없는 것들이다. 그 모두가 합해져 예술을 위한 하나님의 은사를 구성한다. 하나님은 '당신의 회막'을 위한 디자인을 명하셨을 때 그분은 한 예술가를 부르시고, 필요한 것들을 채워 주셨다.

브살렐은 부름을 받고, '하나님의 영을 그에게 충만하게 하여'(성경에서 이러한 말씀을 들은 첫 번째 인물이다.) 믿음의 소명도 받았다. 그러나 성경은 하나님이 그를 지혜와 능력과 총명과 지식과 정교함으로 채워 주셨다고 말씀하신다. 이것은 그에게 초자연적인 능력이 기적처럼 그에게로 들어간 것이 아님을 분명히 말해 준다. 개인적인 재능과 습성은 이미 만물의 자연스러운 진행 과정 안에 들어있다. 그럼에도 그것은 하나님의 일로 설명되는 것일 뿐이다.

이 소명은 오직 브살렐 한 사람에게만 한정되지는 않는다. 그리고 오직 그 한 사람만을 부르신 것도 아니었다. "지혜로운 마음이 있는 모든 자에게 내가 지혜를 주어 그들이 내가 네게 명한 것을 다 만들게 할지니"(출 31:6).

뒤에 모세가 이 일을 선포하고, 사람들에게 이 일을 맡겼을 때, 다른 이스라엘 사람들도 무리지어 하나님의 성소를 세우는 일을 도왔다. 그들 역시 부르심을 받은 사람들로 묘사 되었다.

"모세가 브살렐과 오홀리압과 및 마음이 지혜로운 사람 곧 그 마음에 여호와께로부터 지혜를 얻고 와서 그 일을 하려고 마음에 원하는 모든 자를 부르매"(출 36:2). 그들의 부르심의 표시는 그들 자신의 관심이었다. 예술가가 될 그 사람들은 "마음이 끓어 올라" 모세의 부름을 받고 그 일의 한 부분을 맡았다.

부르신 그대로 살아라

소명 원리를 위한 성경의 또다른 중요한 말씀은 사도 바울이 고린도 사람들에게 부탁한 내용에서 나타난다. "오직 주께서 각 사람에게 나눠 주신 대로 하나님이 각 사람을 부르신 그대로 행하라"(고전 7:17). 우리의 소명은 많은 선택 사항들 중에서 고르는 것이 아니라 오히려 임명이다.

> "각 사람은 부르심을 받은 그 부르심 그대로 지내라 네가 종으로 있을 때에 부르심을 받았느냐 염려하지 말라 그러나 네가 자유롭게 될 수 있거든 그것을 이용하라 주 안에서 부르심을 받은 자는 종이라도 주께 속한 자유인이요 또 그와 같이 자유인으로 있을 때에 부르심을 받은 자는 그리스도의 종이니라 너희는 값으로 사신 것이니 사람들의 종이 되지 말라 형제들아 너희는 각각 부르심을 받은 그대로 하나님과 함께 거하라" (고전 7:20-24)

하나님께서는 당신이 종이거나 자유인이거나 그것은 아

무런 문제가 되지 않는다. 복음을 통하여 부르심을 받은 자들은 사회가 그들에게 어떻게 대하든지 간에 이제 자유로운 삶을 가지게 되었다. 그리고 자유인이라 할지라도 예수 그리스도의 권세 아래에서는 종이다.

어떤 사람들은 사회 질서의 확립을 방해한다며 소명 원리를 비난한다. 만약 하나님이 확립된 행정 체제를 통해 일하신다면, 인간의 정치적 권력을 성스럽게 승인해 주시려는 것이라는 추측이 가능하다. 만일 하나님이 당신을 농부로 부르셨다면, 당신은 절대로 자신의 지위를 개선하기 위해 노력해서는 안 된다는 추측도 가능하다.

이러한 의문에 대한 대답을 원하면 소명 원리가 끼치는 영향이 무엇인지 보라. 종교개혁가들은 그때까지 유래가 없던 사회적 이동의 촉매였다. 성경 읽기를 위한 교육과 소명에 영감을 받은 '개신교 직업 윤리'는 예전에는 농부였던 사람들이 중인 계급인 기업가로 변신하도록 자극제가 되었고, 결국에는 경제적인 자유만이 아니라 정치적인 자유도 쟁취하도록 이끌어 주었다. 행정관으로 부름을 받은 사람들은 하나님의 율법이라는 커다란 권세 아래 그대로 남아 있었지만, 그에 따라 비판을 받았고, 그 논리는 곧 자치적인 공화국 정부로 이끌어졌다.

성경 역시 가끔은 사회 질서를 굳혀 주는 것으로 해석되지만, 실제로는 그에 대항하여 말한다. 하나님의 말씀에 의해 믿음으로 당신이 부르심을 받았을 때 당신은 노예였는가? 사도 바울은 당신의 낮은 사회적 지위에 관해 걱정하지 말라고 말씀하신다. 그러나 그 말씀에 바로 뒤이어 자유를 얻을 수 있거든 그렇게 하라고 말씀하신다. 그 말씀 전체는 실제로는 모든 종류의 노예를 위한 근거를 부식시킨다. "너희는 값으로 사신 것이니, 우리의 진정한 주인 그리스도의 피로 사셨으니, 사람의 종이 되지 말라."

이러한 배경에서 사도 바울은 결혼, 성적인 관계, 남편과 아내가 서로의 육체에 관해 가지는 권세, 믿는 사람들은 믿지 않는 배우자와 이혼해야만 할 것인지 등에 관해 말한다. 그는 부르심을 받은 그대로 살라고 하는 말씀과 함께, 다른 여러 가지 말씀 중에서도, 그리스도인이 되었다는 이유만으로 자신의 소명을 바꾸지 말라고도 한다. 만약 당신이 처음 복음을 믿었을 때, 결혼한 상태였다면, 믿지 않는 배우자라도 이혼하지 말라고 한다. 당신의 원래의 소명은 계속 유효한 것이다. 만약 당신이 이방인이었다가 그리스도인이 되었다면, 할례를 받아 유태인이 되지 말라고 했다(고전7:18-19). 현재의 당신을 그대로 지키라고 했다.

초대 교회의 기독교는 검투사들에게 직업을 바꾸도록 강요했음은 명백하다. 이웃을 사랑하고 섬기는 것이 아니라, 오히려 여흥을 위하여 그들을 죽이는 비합법적인 소명이었기 때문이다. 복음은 아데미의 신상을 만들던 은감실을 만드는 직공들의 사업에 해를 끼쳤다(행19:21-27). 그러나 대부분의 경우 새로운 개종자들은 그들의 원래의 소명을 그대로 지켰다. 루디아는 여전히 자주빛 염료를 팔았고, 바울은 계속 천막을 지었다. 삭개오는 세금 횡령을 중지하고, 납세자들에게 돌려주기는 했지만, 세리로서 계속 활동을 했다. 개종자들은 그들의 가정도 계속 지키고, 그들의 생활도 예전과 같은 방식으로 영위했으며, 같은 나라의 시민으로 남아 있었다.

이런 성경 구절을 오늘날 우리에게 적용하는 것은, 먼저 우리는 진실로 우리의 소명을 주님께서 명하신 것으로 받아들여야 한다. 이것은 우리의 지위(다른 어떤 인물이 되기를 갈망하지 않고) 안에서 그것은 하나님이 주신 은사이고 또 역할이라는 점을 인식하며, 안정을 찾는 것이다.

또한 그것은 새롭게 그리스도인이 된 사람은 대부분의

경우, 그들의 소명에 그대로 머물러 있어야 한다는 의미이다. 오늘날 기독교로 개종한 많은 사람들은 특히 명사들의 경우, 즉시 어떤 '사역'을 출범시킨다. 그러나 그들의 칭찬 받을 만한 열정을 그런 식으로 표현해야 할 필요는 없다. 그들로 하여금 음악인, 영화배우, 혹은 스포츠 영웅으로서 그대로 남아 있도록 해주어라. 영적으로 미성숙한 그리스도인이 어렵기만한 사역에 뛰어들었을 때는 (어린아이가 차를 운전하는 것처럼) 그 자신에게만이 아니라, 다른 사람들에게도 위험하기만 하다. 당신의 소명을 그대로 지키라고 사도 바울은 말한다. 당신은 현재의 그 위치에서 하나님과 당신의 이웃을 섬길 수 있다.

훗날, 그리스도인으로서 살아가며 오랜 공부와 경험을 한 뒤에, 그 사람들은 유능한 영적인 지도자로 성숙해질 수 있다. 그들은 그러한 일을 위해서는 다른 소명을 받을 수도 있다. 진실로 우리는 현재의 일로 소명을 받았을지라도, 다른 어느 곳에서 다른 소명도 잘 받을 수 있다. 이 성경에서의 좋은 자유인이 될 가능성이 높다. 신념을 가지고 자신의 소명 안에서 꾸준히 일해 온 근로자는 더 좋은 일자리를 찾게 될 가능성이 있다.

다시 말하지만, 하나님의 부르심은 구인 광고, 청혼 혹은 선거를 통하여 받을 수도 있다. 소명은 복합적이고, 지금 여기에 있는 것이기에, 학생이 되라는 소명은 패스트 푸드 식당의 점원이 되라는 소명으로 보충될 수 있다. 졸업한 후 그 학생은 월 스트리트의 증권 중개인으로서의 소명을 받을 수도 있다. 각각의 경우 그는 자신의 인생을 위한 하나님의 목적과 자신의 이웃을 사랑하고 섬길 수 있는 지위에 있어야 한다는 점에 대해 자신감을 가질 수 있다. 인생의 어느 단계에서나 그는 "하나님이 그에게 명하신 인생을 살며, 하나님이 부르신 소명을 다하게 된다."

소명으로부터의 휴식

성경은 우리에게 일하라고 말씀하시고, 또한 쉬라고도 하신다. 우리는 자신의 일로부터 주일날 하나님께 예배드리기 위해 쉰다. 소명 안에서 우리는 힘들게 일할 때조차도, 그리스도의 품에 안겨 쉰다.

한번은 내가 교회에서 소명에 관해 얘기할 때, 노인 한 분이 일어나 조심스럽게 물었다. "제 경우는 어떻습니까? 저는 은퇴했습니다. 하지만 저도 소명을 가집니까?" 그 노인은 더 이상 일을 해야만 할 필요는 없었지만, 그래도 소명을 가진다. 그 노인에게는 아내가 있고, 장성한 자녀와 손자들이 있다. 교회에서도 적극적으로 활동하고, 정치적 활동에도 적극적이다. 또한 그는 여러 가지 취미를 가지고 있다고 했다. 취미 활동은 살아가기 위해 꼭 일을 해야만 할 필요가 없는 사람들을 위한 의미 있고, 창조적이기까지 한 활동이다. 그 노인은 그러한 활동을 통해 그의 이웃을 사랑하고 섬길 수 있다.

그러나 일생 동안 계속해 오던 소명에서 은퇴하는 것은 커다란 어려움을 안겨 줄 수 있다. 특히 개신교 직업 윤리에 따라 살던 사람들에게는 더더욱 그러하다. 그러나 오랜 기간의 일을 마치며 소명을 놓는 것은 일종의 휴식과도 같다. 오랜 기간의 섬김에 대한 일종의 보상이다. 청교도 작가 존 코튼John Cotton은 그 점을 잘 이야기했다.

"믿음에 의하여 나타난 한 사람의 소명에 관한 마지막 일은 이렇다. 담대한 믿음을 가진 사람은 일을 마쳤을 때 하나님이 부르시면, 언제든지 자신의 소명을 하나님 혹은 사람의 손에 맡긴다. 여기에서 하나님의 아들들은 사람의 아들들을 훨씬 능가한다. 다른 사람들은 소명이 자신으로부터 멀어지게 될 때, 매우 수치스러워 하고, 몹시 두려워

한다. 그러나 그리스도인은 자신의 소명을 포기해야 할 경우, 평안하고 담대하게 하나님 앞에 내려놓는다." (오스 기니스 인용)

하나님이 일을 하라고 부르시거나 일을 그만두라고 부르시거나 그 모두가 하나님의 선물이다. 그리고 우리가 마지막 소명을 죽음으로의 부르심을 맞이할 때면, 우리의 모든 소명 안에서 일하셨고, 지금도 일하시며 우리를 당신께로 데려가시려는 하나님 앞에 우리의 인생을 내려놓을 수 있다.

이것은 우리의 소명 안에서의 또다른 안식이다. 뉴 멕시코 주에 위치한 로스 알라모스 국립연구소에서 활동하던 핵물리학자 윌리엄 파워스William Powers는 한번은 그리스도인이라는 점이 그의 연구에 어떤 영향을 미쳤느냐는 질문을 받았다. 그는 이론 물리학이라는 자신의 연구는, 컴퓨터 모니터를 바라보며 수천 개의 숫자를 분석하고, 형체를 파악할 수 없고 또 무한소의 반생명을 가진 아원자 입자亞原子 粒子의 행동을 추적하는 것으로 너무도 난해했다고 설명했다.

그는 자신의 연구가 매혹적이며 핵 에너지 연구 분야에

서는 매우 유익한 것임을 깨달았으면서도, 그가 하는 일의 가치에 대해 걱정했던 적이 있었다고 털어놓았다. "이 연구가 실제로 어느 정도 좋은 것이지?" 그는 걱정하기까지 했다. 그리고 자신의 시간을 하나님을 좀더 잘 섬길 수 있는 다른 어떤 일, 이론 물리학 연구 대신에 복음 전파 활동 등에 바쳐야만 하는 것이 아닌지 걱정했다. 그러나 그는 소명 원리를 발견한 이후부터는, 그의 연구 활동에서 새로운 만족을 찾을 수 있었다. 과학자로서 숫자에 파묻혀 이론을 테스트하며 자신의 능력을 발휘하는 연구 활동을 하며, "주님이 내게 명하신, 주님이 주신 소명을 수행하는" 인생을 살아가고 있음을 깨달았다. 그는 과학자로서의 역할에, 그의 소명에, 그리고 하나님의 일을 하고 있다는 자신감에 넘쳤다.